**당신의 창업인생은
이 책을 읽기 전과 읽은 후로 나뉜다**

최신
개정판

당신의
창업인생은
이 책을 읽기 전과
읽은 후로 나뉜다

김민성 · 최재형 지음

좋은땅

저자 소개

김민성

❖ **학력**
2008   숭실대학교 벤처중소기업학부 학사
2020   숭실대학교 중소기업대학원
            프랜차이즈학과 석사

❖ **경력**
2007~2013   ㈜BGF 리테일 CU 수도권영업본부
            Store Consultant 대리
2013~2014   ㈜빙그레 KA사업본부 편의점 사업팀 대리
2014~2015   ㈜한솥 개발사업본부 신규 개설팀 과장
2016~2018   신세계 계열사 ㈜이마트24 개발사업본부
            Store Developer
2018~현재   SK 계열사 ㈜PS&M 수도권 Shop구축팀
            SKT직영매장 개발 및 임대차관리 Manager

❖ **E-mail**   gong4153@naver.com
❖ **블로그**   https://blog.naver.com/gong4153

최재형

❖ **학력**
2008   숭실대학교 벤처중소기업학부 학사
2019~2021   서울시립대학교 부동산 학과 석사

❖ **경력**
2008~2015   롯데 계열사 ㈜코리아세븐(세븐일레븐)
            점포개발팀 대리
2015~2018   ㈜놀부 상권개발팀 과장
2018~2018   ㈜미니소 코리아 매장 개설팀 과장
2018~현재   SK 계열사 ㈜PS&M 수도권 Shop구축팀
            SKT직영매장 개발 및 임대차관리 Manager

❖ **E-mail**   a99274016@naver.com
❖ **블로그**   https://blog.naver.com/gong4153

14년 전 프랜차이즈 기업에 입사했을 당시 인사팀장이 신입사원 연수 때 했던 말이 기억난다.

"지금 너희들이 배우는 프랜차이즈라는 개념이 10년이 지난 후에는 사회를 흔들 수 있을 정도의 파급력을 갖게 될 거야. 그 비전을 믿고 따라오면 돼."

그 말에 동감하는 이들도 있었으나 대부분의 반응은 '프랜차이즈가 뭐라고 사회를 흔들 수 있겠어? 조직에서 한 자리하던 체면이 있는데 장사하려는 사람들이 얼마나 늘어나겠어?'였다. 인사팀장 입장에서 신입사원들 이탈하지 않도록 문단속을 하는 정도의 립서비스 정도로만 받아들인 것이다.

그의 말은 반은 맞았고, 반은 틀렸다.

그 후로 14년이 지난 현재, 프랜차이즈는 이제 너무나도 대중들에게 보편적이고, 당연한 개념으로 자리잡았고, 사회를 흔들 수 있을 정도의 파급력을 가지고 있다는 점에서 반은 맞았다는 것이고, 그 기간이 10년이 아닌 그 시점으로부터 5년도 채 걸리지 않았다는 점은 틀렸다는 것이다.

필자들은 오랜 시간 자영업을 하고자 하는 분들 또는 하시는 분들과 호흡을 맞추며, 많은 경험을 해 보았다. 좋은 경험도 있었고, 다시는 일어나지 않았으면 하는 좋지 않은 경험도 있었다.

돌이켜 볼 때 창업을 해서 잘된 경우와 잘되지 않은 경우의 가장 큰 차이는 '준비'였다. 창업자가 창업을 하는 데 있어서 얼마만큼의 준비를 했는지에 따라 성공 확률이 달라지는 것이다.

많은 사람들이 "창업해서 어떻게 하면 잘될까요?"라고 물으면 항상 하는 대답이 있다. "준비를 철저히 하셔야 해요. 절대 급하게 서두르지 마세요."이다.

얼마나 준비를 해야 철저히 하는 것인지, 어느 시점에 해야 서두르지 않고 하는 것인지에 대한 설명을 일일이 해 주지는 못하고, "공부 어떻게 하면 잘해요?"라고 물으면 "교과서 중심으로 열심히 하면 돼요." 수준의 원론적인 답변만 했던 것이다.

이 책은 창업이라는 목표를 정하고, 준비를 하려는 분들에게 누구나가 생각 한 번 해 보면 고개를 끄덕이는 식상한 내용들이 아닌, 실제로 창업전선에 뛰어들었을 때 '아! 이런 게 있었어?'라고 하며 시행착오를 겪게 되고, 생각지도 못하게 놓치게 되는 일들에 대하여 창업 준비단계에서부터 인지하고 시작할 수 있도록 돕기 위해 쓴 책이다.

이 책을 읽고 대박이 난다면 금상첨화겠지만, 그보다도 필자들이 원하는 방향은 창업을 준비하는 분들이 그 과정에서 일어날 수 있는 리스크를 최소화하고, 창업에 대한 기본적인 감각을 키워 주고자 하는 데 있다.

모쪼록 책 제목인 '당신의 창업인생은 이 책을 읽기 전과 읽은 후로 나뉜다' 처럼 예비 창업자들이 이 책을 읽고 나서 보다 넓게, 보다 깊게 창업에 대한 준비가 될 수 있기를 진심으로 희망한다.

목차

들어가며 05

● 창업하기 전 꼭 알아야 할 최신 트렌드

1. 혼자 사는 사람이 급격히 늘고 있다 15

2. 노인인구는 늘고 신생아는 줄고................................17

3. 잘 버는 사람은 더 잘 벌고, 못 버는 사람은 더 못 벌고....................21

4. MZ세대를 알아야 돈이 보인다 25

5. 중고시장의 폭발적 성장 29

6. 나가서 외식하는 게 어색한 지금은 배달전성시대!.....................32

● 불황기에도 편의점, 치킨집은 왜 많이 생길까?

1. 편의점 창업! 이 정도는 알고 하자! 38

2. 치킨집 창업! 이 정도는 알고 하자!................................40

Chapter 1. 창업할까?

1. 나는 뭘 창업할까? 49

2. 어떻게 창업할까? 56

Chapter 2. 나에게 맞는 최고의 매장 구하기

1. 창업자금 62

2. 프랜차이즈 가맹점의 일반적인 오픈 절차 66

3. 상권이란 무엇일까? 68

4. 매장 구하는 방법 76

    1) 스스로 알아보고, 스스로 구하는 법

    2) 중개인을 통해 구하는 법

    3) 해당 회사의 추천을 받는 법

    4) 들어갈 만한 매장인지 긴가민가할 때 필요한 자가 체크리스트

5. 후보매장 선정 뒤 매장 인허가 사항 확인방법 87

    1) 편의점 창업 시 인허가 필수 확인사항

    2) 외식업 창업 시 인허가 필수사항 확인 및 사업자등록발급 순서

    3) 비식품(액세서리, 의류, 잡화 등) 업종 창업 시 인허가 필요사항

6. 후보매장 예상매출 산출하는 방법 107

    1) 동네 지도 하나로 예상해 보는 편의점 매출

2) 음식점 예상매출! 내가 할 매장과 쌍둥이 매장을 찾으면
   답이 보인다

3) 투잡으로 각광받고 있는 코인세탁! 가장 중요한 포인트는
   1인 가구 세대수!

Chapter 3. 배달은 피할 수 없는 숙명, 이 정도는 알고 하자

1. 배달앱의 극강 배달의 민족! 구조만큼은 마스터하자! 118

    1) 일반 입점(오픈리스트 and 울트라콜)

    2) 배민라이더스

    3) 배민오더

    4) 배민 주문 수 늘리기 꿀팁 3가지

2. 배달앱이 배민만 있는 것은 아니다 134

    1) 요기요

    2) 쿠팡이츠

Chapter 4. 매장 오픈 후 관리

1. 고객관리 144

    1) 한마디의 인사도 고민하고 하자!

    2) 행사를 적극 어필하라!

    3) 제휴카드 또는 멤버십카드를 적극 홍보하라!

2. 직원관리 150

    1) 아르바이트 인재풀을 최대한 많이 확보하라

    2) 아르바이트 한 명당 근무시간을 가급적 길게 잡지 마라

    3) 매장에 없더라도 지속적으로 관리를 하고 있다는

       인상을 주는 것이 중요하다

3. 매장관리 155

    1) 상품 품질관리는 유통기한관리가 생명이다

    2) 먼지 하나 쌓이는 것도 철저하게 리스트로 관리해라!

    3) 얼마를 팔면 얼마가 남는지에 대한 개념은

       항상 머릿속에 있어야 한다

Chapter 5. 임대차 관련 내용! 창업 전에 제발 이것만은 알아 두자!

1. 상가임대차보호법이 뭘까? 172

2. 복잡한 내용 다 빼고, 꼭 알아야 할 상가임대차보호법 다섯 가지! ..173

3. 상가임대차보호법에 부가가치세는 임차료에 포함이 될까? 176

4. 내 보증금은 어떻게 보호받지? 177

5. 동일 건물에 동종 업종을 임대인이 입점시키는 경우? 181

6. 임대차계약 시 계약기간은 몇 년이 좋을까? 183

7. 임대인이 권리금을 인정하지 않는다고 하면? 185

8. 원상복구는 최초 계약 때부터 미리 챙겨라! 186

9. 권리양수도 계약서 작성 시 이 문구만은 꼭 넣자! 187

10. 임대차 계약이 종료되었는데 임대인이 보증금을
    돌려주지 않는다면?...189

11. 내용증명이 뭐지? 191

12. 임대인이 리모델링 공사를 이유로 임대차계약 연장을
    거절하는 경우? 194

부록 1 회사를 가려면 면접준비를 해야 하듯이 창업을 하려면 창업계획서를 작성해 봐야 한다 • 197

1. 창업계획서가 뭘까? 198

2. 창업계획서를 왜 써야 할까? 198

3. 창업계획서의 작성원칙은? 199

4. 창업계획서의 필수 구성요소에는 어떠한 것들이 있을까?............199

5. 창업계획서 예시 201

부록 2 근무자 채용 시 반드시 작성해야 하는 근로계약서 양식 • 207

부록 3 소상공인만이 누릴 수 있는 특권!
노란공제우산 • 225

1. 노란우산공제란? 226

2. 가입대상 227

3. 소기업, 소상공인 범위 228

4. 제도의 특징 229

5. 공제금 지급 231

6. 기본공제금 구성 232

7. 노란우산공제의 단점은 무엇일까? 233

8. 가입 방법 및 구비서류 233

☆☆☆☆☆

창업하기 전
꼭 알아야 할
최신 트렌드

창업을 시작하기 전에 디테일하게까지는 아니라도, 업종을 선택하는 과정에서 최근 돌아가는 트렌드를 알고 있는 것이 리스크를 줄일 수 있는 방법이다. 쉬운 예로 지속적인 저출산이 이어지고 있는데 아기 용품, 프랜차이즈 학원 등의 창업을 알아본다면 어떨까?

차별화된 컨셉으로 성공할 수도 있겠지만 아이의 수도 줄고, 학생 수도 더욱 줄어들 것이기 때문에 그만큼 리스크를 안고 가야 할 부분인 것이다. 이러한 트렌드를 알고 있어야 창업 전에 업종을 선택할 때도 도움이 될 수 있기에 꼭 반드시 짚고 넘어가야 한다.

기억도 안 날 정도로 많은 것을 나열하기보다는 창업업종에 있어 꼭 알아둬야 할 트렌드 몇 가지만 설명하겠다.

혼자 사는 사람이
급격히 늘고 있다

가구구조 변화전망

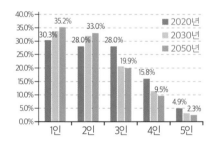

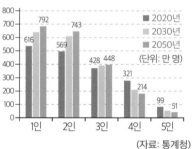

(자료: 통계청)

표를 보게 되면, 1인 가구가 2020년 30.3%에서 2047년 35.2%로 4.9% 증가하게 된다. 이에 못지 않게 2인 가구 역시 28% 대비 5% 늘어나 33%가 된다. 2047년에는 10가구 중 약 7가구가 1인 또는 2인 가구라고 보면 된다.

1인 가구 증대가 어떤 연령층을 중심으로 늘어나는지 살펴보면, 2019년 기준으로 20대가 17.2%의 비중을 차지하여 가장 높지만 2047년에는 70대가 21.8%로 가장 큰 비중을 차지할 전망이다. 고령층의 1인 가구가 지속적으로 늘어난다는 점은 하나의 사회적 현상이기 때문에 창업 준비과정에서 적극적으로 참고해야 할 부분이다.

노인인구는 늘고
신생아는 줄고

출생아수 및 노인인구 추이 (단위: 만 명)

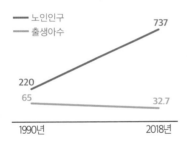

유소년과 노인의 인구구성비 추이

(자료: 기획재정부 및 통계청)

위 그래프를 보게 되면 한눈에 들어오는 부분이 노인인구 추이다. 의학기술의 발전 등으로 인한 평균 수명의 증가로 급속한 고령화가 진행되고 있는 상황이다.

2020년 기준으로 전체 인구 대비 노인인구의 비중은 15.7%인데, 2050년이 되면 36.8%까지 늘어날 전망이다.

급격하게 노인의 수가 증가하고 있기 때문에 선제적으로 실버 사업 및 헬스케어 사업 등의 기회가 어떤 것이 있을까에 대한 고민을 해 보면 좋은 사업 아이템을 발굴할 수 있을 것이다.

합계출산율 추이 (단위: 명)

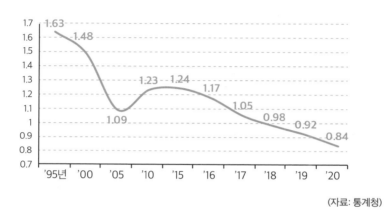

(자료: 통계청)

얼마 전부터 언론을 뜨겁게 달궜던 이슈 중 하나가 우리나라 합계출산율이 1명 아래로 떨어졌다는 소식이었다. 중국의 행정자치도인 마카오를 제외하고 세계에서 유일하게 출산율이 0명대인 나라가 됐다고 한다.

저출산을 위해 최근 10년간 정부예산 140조 원을 지출했음에도 불구하고 출산율이 더 떨어진다는 점은 정부의 저출산 정책이 방향을 잘못 잡아서일 수 있다. 하지만 더 큰 이유는 사회적으로 아이를 낳아야 한다는 인식 자체가 낮기 때문이라고 생각한다. 경기상황은 악화되고, 결혼까지 기피하는 상황에서 출산율에 대한 인식개선이 되기는 더욱 어려울 것이다.

앞으로 기존 정책방향과는 다른 방향으로 추가 정책이 나올 가능성이 있다. 가장 대표적인 예가 외국인에 대한 입국 및 귀화정책 등의 완화이다.

외국인 주민 유형별 현황 (단위: 명)

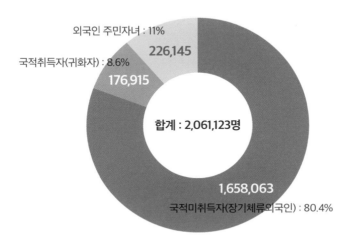

외국인 주민자녀 : 11%
226,145

국적취득자(귀화자) : 8.6%
176,915

합계 : 2,061,123명

1,658,063
국적미취득자(장기체류외국인) : 80.4%

(자료: 행정안전부, 2018년 11월 1일 기준)

2019년 10월 31일 행정안전부가 발표한 자료에 따르면 한국에 거주 중인 외국인주민 수는 205만 4621명으로 국내 총인구의 4%라고 한다. 전라북도의 인구 수인 182만 명보다도 약 23만 명이 많다.

9년 만에 두 배 이상 늘었고, 더욱 가파른 속도로 늘어날 가능성이 크다. 출산 정책에 대한 고민도 필요하겠지만, 한국에 거주하는 외국인에 대한 정책도 많은 고민이 필요한 시점이라고 생각한다.

외국인 노동자에 보수적이었던 일본도 급격한 고령화로 인하여 2019년부터 2025년까지 최대 50만 명까지 외국인 노동자를 받기로 하였다. 우리나라 역시도 일본의 사회구조를 따라가는 경향이 크기 때문에 외국인에게 문을 열 가능성이 더욱 크다.

그렇다면 외국인 개방이 더욱 확대될 경우, 입국 외국인의 국적, 문화 등을 예측하여 그들에게 어필할 수 있는 창업을 알아보는 것도 트렌드를 통한 좋은 준비라 할 수 있다. 저출산으로 인하여 아이를 낳으려는 집이 줄어들고 있으나, 이를 통해 창업의 기회를 엿보는 것도 하나의 방법이다. 각 가정의 소득수준은 꾸준히 올라가는데 아이는 적게 낳다 보니, 두 아이보다는 한 아이에 지출하는 비용이 훨씬 클 것이다.

이러한 경우에 발맞추어 유아를 대상으로 보다 퀄리티 높은 부분에 대한 창업의 기회를 보는 등의 역발상을 해 본다면 또 하나의 블루오션이 될 수 있을 것이다.

잘 버는 사람은 더 잘 벌고,
못 버는 사람은 더 못 벌고

　예상치 못했던 코로나19라는 변수로 인하여 2020년 대한민국은 -1%의 경제성장률이라는 역성장 성적표를 받았다. 2021년에는 반등할 것이라는 전망이 우세한 가운데 경제성장률을 3.5% 전후로 예상하고 있다. 최악의 상황에서 벗어나는 과정이기는 하나, 경제성장률이 높더라도 수출 중심인 대한민국의 경제 구조 특성상 체감경기의 회복까지는 상당시간 더 소요가 될 것이다. 이러한 가운데 소비양극화라는 트렌드는 지속될 것으로 보인다.

　최근 몇 년간 경기가 어렵다는 인식이 강해지면서 급성장한 대표적인 브랜드들이 다이소, 메가커피, 빽다방 등의 저가 브랜드이다. 대형마트 업계 1위인 이마트의 경우도 '국민가격'이라는 타이틀로 초저가 상품을 통하여 고객을 유인하고 있다.

다이소 매출 및 영업이익 (단위: 억)

■ 매출액 ■ 영업이익

1조3056   1조6457   1조9786   2조2362

1,131   1,498   1,251   767

2016년   2017년   2018년   2019년

(자료: 다이소 정보공개서)

다이소 매장수 (단위: 개)

— 매장수

1,128   1,214   1,312   1,361

2016년   2017년   2018년   2019년

(자료: 다이소 정보공개서)

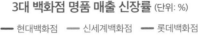

3대 백화점 명품 매출 신장률 (단위: %)

— 현대백화점   — 신세계백화점   — 롯데백화점

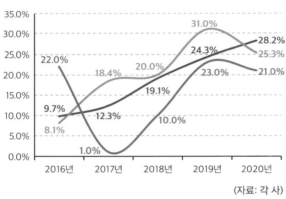

35.0%
30.0%
25.0%
20.0%
15.0%
10.0%
5.0%
0.0%

22.0%   18.4%   20.0%   31.0%   28.2%
                       24.3%   25.3%
9.7%   12.3%   19.1%   23.0%   21.0%
8.1%   10.0%
       1.0%

2016년   2017년   2018년   2019년   2020년

(자료: 각 사)

이 그래프에서 다이소 매출액과 매장 수를 보면 대부분의 사람들이 고개를 끄덕일 것이다. 경기가 어려우니 당연히 다이소 같은 저가 상품 판매매장의 급성장이 이루어진다는 것이 일반적인 상식이기 때문이다.

그러나 약간 의아한 것은 우측에 있는 국내 백화점의 해외 명품 매출 비중이다. 대부분의 사람들은 경기가 IMF 때보다 더 어려워진 것 같다고 하는데

백화점의 해외 명품 매출 비중은 2019년부터 20%를 돌파하였다.

그렇다면 양극화의 가장 큰 원인은 무엇일까?

그것은 바로 소득 상하위 집단의 격차가 지속적으로 벌어지고 있기 때문이다.

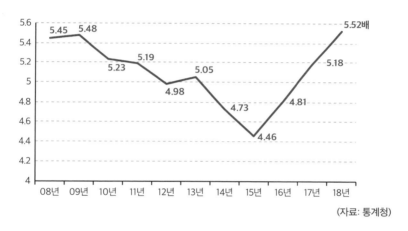

소득양극화 수준 (단위: %)

(자료: 통계청)

소득양극화 수준 그래프를 보게 되면 15년 이후 지속적으로 격차가 벌어지는 것을 볼 수 있다. 위 배율은 상위 20%(5분위) 소득을 하위 20%(1분위) 나눈 것이다. 수치가 커질수록 소득 격차가 심해졌다는 뜻이다.

양극화가 커질수록 저가 타이틀을 걸고 영업을 하는 브랜드들이 많을 것이고, 이와 더불어 명품 제품의 판매 호황도 지속될 것으로 보인다.

한 가지 당부하고 싶은 부분은 극명하게 소득격차로 인한 양극화가 진행되고 있는 상황이기 때문에 어설프게 중산층을 타겟으로 한 창업은 리스크가 따르므로 신중해질 필요가 있다.

굳이 얇아지고 있는 중간계층(중산층)을 노리기보다는 두꺼워지고 있는 상하위 10% 계층을 대상으로 한 창업이 보다 안정적일 것이다.

당신의 **창업인생**은 이 책을 읽기 **전**과 읽은 **후**로 나뉜다

MZ세대를 알아야
돈이 보인다

작년부터 언론에서 집중적으로 다루는 세대가 있다. 바로 MZ세대이다. MZ세대는 무엇일까? MZ세대는 1981년 이후 태어난 밀레니얼 세대와 1997년 이후 태어난 Z세대를 합쳐서 일컫는 용어이다. 2019년 기준으로 약 1,700만명으로 대한민국 인구의 1/3을 차지한다.

MZ의 특징은 다음과 같다.

① 디지털 친화적인 세대로 과시를 좋아한다

이들은 디지털에 익숙한 세대이기 때문에 유튜브, 인스타 등을 통하여 적극적으로 소통한다. 그러한 과정에서 소위 과시를 하는 것을 뜻하는 '플렉스 문화'에 길들여져 있다. 본인이 구매한 명품이나 미술품 등을 SNS에 올리며 과시를 하는 놀이가 익숙하고, SNS에 올려서 실컷 과시를 하고 다시 되파는 작업도 서슴없이 한다.

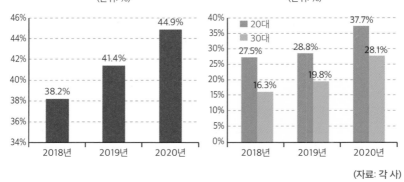

롯데백화점 2030세대
명품 매출 비중
(단위: %)

현대백화점 2030세대
명품 매출 신장률
(단위: %)

(자료: 각 사)

앞서 언급했던 백화점 명품 매출의 급성장에 절대적인 기여를 한 세대가
바로 MZ세대이다. 집값은 천정부지로 오르며 부동산부자들이 기하급수적
으로 늘어나고, 최근에는 주식 및 암호화폐 투자를 통한 벼락부자들의 등장
을 보게 되면서 '이도 저도 아닌 나는 뭔가?'라는 박탈감을 느끼기 시작한다.
이러한 박탈감 해소를 위한 방법 중 하나가 명품소비로 이어졌다는 분석이
지배적이다.

② 명확한 원칙을 요구하고, 불공정에 대해 적극적으로 목소리를 낸다

최근 산업계 전반에 MZ세대 주도의 사무직노조가 확산되고 있는데, 2020
년 취업시장에서 화제가 되었던 '인국공(인천국제공항공사)' 사태를 계기로
목소리를 높이기 시작했다. 자신은 최선을 다해서 취업문을 두드려도 열리지
않는데, 인천국제공항공사가 비정규직 보안검색원 2천여 명을 직고용하기로
결정하면서 '불공정'이라는 키워드에 적극적으로 대응하기 시작한 것이다.

또한 성과급에 대한 불만에도 적극적인 목소리를 낸다. SK하이닉스가 2020년 5조원의 영업이익을 달성했음에도 불구하고 자신이 받는 연봉의 20% 수준으로 성과급이 책정되었고, 직원들의 불만이 극에 달하게 되었다. 상황이 악화되자, 최태원 회장은 자신의 연봉을 반납하기까지 한다. MZ세대는 명확한 원칙도 없고, 충분한 논의도 없이 지급수준이 결정되는 부분에 대해 용납을 하지 않겠다는 단호한 의지를 보이며 사회적 관심을 끌어 모았고, 다른 대기업들 역시 성과급체계를 손보겠다는 의사를 밝히기도 하였다.

여기서 짚고 넘어가고 싶은 부분은 창업을 알아보게 된다면, 그 기업의 이미지, 점주들이 평가하는 기업윤리의식, 오너 마인드 등에 대해 철저히 알아보기를 권하고 싶다.

대표적인 사례가 '미스터피자'이다. 창업주인 정우현 前 회장은 자신의 사익을 위해 배임을 저질러 구속기소되었고, 기업은 상장폐지 위기에 처하기도 한다. 당연히 열심히 가맹점을 운영하는 가맹점주들 역시 피해자이다. 그러나 기업 이미지가 무너져 버리면 결국 가맹점 역시 매출급감으로 이어질 수 밖에 없다.

특히, 최근에는 불공정에 민감한 MZ세대가 소비의 중심에 있기 때문에 자칫 자신이 운영하는 프랜차이즈 기업의 부정적인 이슈가 터졌을 때 이전보다도 더 큰 데미지를 입을 가능성이 크다.

무조건 '요즘 저 브랜드 뜨니까 창업해야지.'라는 생각을 버리고 관심 있는 브랜드가 있다면 가맹점을 다니면서, 본사와의 관계, 오너 또는 대표이사 마인드 등은 꼭 조사해 보기를 바란다.

③ 소유보다는 공유를 중시하고, 구매보다는 경험을 중시한다

MZ세대는 영화를 보거나 음악을 듣더라도 다운로드가 아닌 스트리밍으로 이용한다. 주거 및 일하는 공간 역시 공유서비스를 이용한다. 자동차 및 생활용품 등은 구매하기보다는 구독서비스를 통하여 경험하는 것을 중요시한다. 다음에 다루게 될 중고시장의 급성장 역시 MZ세대의 거래 비중이 절대적이다. 이 역시도, 경험을 중시하는 MZ세대의 소비 성향과 연계될 수밖에 없는 부분이다.

MZ세대의 대표적 소비특징은 '가치'와 '경험'이다. 자신이 가치가 있다고 판단하면 어떠한 방식으로든 구매를 해서 경험을 한다. 창업시장에서는 '이 상품이 좋다.'라는 부분에 포커스를 맞추기보다는 '이 상품이 구매하는 사람에게 어떠한 가치를 줄 수 있는가?'에 포커스를 맞춰야 성공할 수 있을 것이다.

중고시장의
폭발적 성장

최근 언론에서 많이 등장하는 어플이 있다. 바로 당근마켓이다. 같은 동네를 기반으로 하는 위치서비스를 이용하여 중고거래의 신뢰감을 높였고, 최근에는 기업가치가 2조 원으로 평가 받을 정도로 폭발적인 성장을 하고 있다. 당근마켓 외에도 리셀마켓을 활성화하여 MZ세대의 높은 지지를 받고 있는 번개장터와 롯데의 재무적 투자자 참여로 화제를 모은 중고나라 역시도 꾸준한 관심을 받고 있다.

중고시장 규모

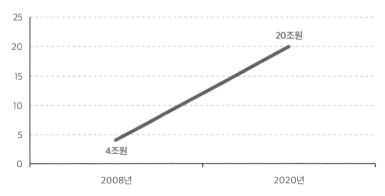

중고시장 규모는 2008년 4조 원에서 2020년 20조 원(업계 추정치)까지 급성장하였다.

중고시장이 급성장한 배경 역시 MZ세대의 영향력이 절대적이다. 3~4년 전만 하더라도 중고시장 거래는 '일상생활에서 신규로 구매하기에는 아까운 필요한 제품을 저렴한 가격에 구매하는 고객'이 절대적인 비중을 차지했다면, 최근에는 MZ세대 주도하에 '한정판으로 판매했던 ○○○브랜드 시리즈 또는 피규어, 명품 잡화' 등의 스페셜한 제품 구매에도 아낌없이 투자하며 고객의 이용범위를 폭넓게 확장시켰다.

중고시장이 사회적 관심을 크게 받으면서, 중고라는 타이틀에 부담을 느껴 중고시장에 그다지 관심이 없던 유통대기업들이 최근에는 중고거래 업체와의 제휴를 위해 적극적으로 나서고 있다.

GS리테일은 당근마켓과 동네생활서비스를 활성화하고 신상품 개발과 상호 인프라 등을 활용하는 등의 MOU를 체결하였고, 현대백화점은 번개장터와 손을 잡고 번개장터가 운영하는 한정판 스니커즈 리셀숍을 '더현대 서울'에 입점시켰다.

또한, 이케아는 소비자가 사용하던 이케아 가구를 매입한 뒤 수선을 해서 다시 재판매하는 '바이백' 서비스를 '광명점'부터 시작했는데 반응이 좋아 확대하게 되었다. 롯데마트는 주요매장에 중고거래 자판기를 놓았고, 이 자판기에 판매자가 판매할 물건을 갖다 놓으면 구매자는 물건을 확인한 후 구입할 수 있다.

앞으로 창업시장에서도 중고라는 키워드가 동반되어 언급될 가능성이 크다. 신규창업을 할 때에 예비창업자가 가장 큰 부담을 느끼는 부분이 바로 장비나 인테리어 비용이다. 만약 카페 프랜차이즈 업체일 경우, 커피머신,

제빙기, 쇼케이스, 냉장고 등의 장비를 중고로 도입할 수 있는 가맹모델을 만들어 초기 창업비용을 경감시켜 줌으로써, 가맹점의 진입장벽을 확 낮출 수 있는 시도가 있을 것으로 보인다. 음식점이나 카페, 베이커리를 시작할 때에는 우선 황학동을 가서 장비를 보라는 것도 이제는 옛 말이다. 중고거래 앱을 통해 더욱 폭넓고, 디테일한 정보를 확인할 수 있기 때문에 굳이 먼 길 가지 않아도 원하는 지역에서 가성비 좋은 장비를 구매할 수 있다.

중고에 대한 인식 변화로 중고물품 판매업체나 중고물품 매입 후 수선하여 재판매하는 업종 등 중고물품 관련 창업자들도 증가할 것으로 보인다.

나가서 외식하는 게 어색한 지금은 배달전성시대!

2020년 기준으로 배달앱 시장 월 이용자 수는 상위 3개사 합계 만 2,800만 명 이상이고, 거래 규모는 15조 2천억 원이다. 재작년 초판을 집필할 당시, 배달앱 시장 규모가 5조 원이 넘는다고 하며 엄청난 속도로 성장을 한다고 썼는데 2년이 지난 지금 그 당시보다도 3배가 증가했다는 점에 놀라움을 금할 수 없다.

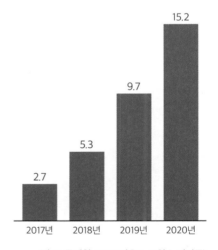

국내 음식배달앱 시장규모 (단위: 조원)

(자료: 통계청, 2020년은 1~11월 누적기준)

코로나 시대를 거치면서 '언택

트'라는 단어가 생활 속에 스며들었고, 굳이 매장에 들어가서 대화를 주고받으며 음식을 구매하는 것이 어색해지는 계기가 된 것이다.

그렇다면 도대체 왜 배달이 사람들의 열렬한 사랑을 받게 되었을까? 배달이 이루어지는 과정을 보면 답이 쉽게 나온다.

저녁으로 족발을 먹고 싶다면, 집에 도착하기 30분 전 배달앱을 열어 족발을 주문 후 바로 결제하고, 리뷰이벤트도 참여하여 콜라도 공짜로 받기로 한다. 3만 원 이상 시 배달비는 2,000원만 부담하면 된다. 콜라를 공짜로 받는 것을 감안했을 때, 배달비는 발생하지 않는다고 볼 수 있다.

집에 도착한다. 집 현관 앞을 보니, 따끈따끈한 족발이 깔끔한 포장용기에 담겨 주인을 기다리고 있다. 집에 족발을 가지고 들어가 가족들과 맛있게 먹는다.

음식이 먹고 싶어 주문을 하려고 하는데, 앱을 열면, 굳이 어디에 전화를 걸어 대화를 하지도 않아도 되고, 번거롭게 방문할 필요도 없다. 집 앞에 놓여진 배달 음식을 가지고 들어가 바로 먹기만 하면 된다.

배달을 마다할 필요가 있을까?

여기서 한 가지 짚고 넘어갈 점은 배달의 비중이 높을수록 매장의 이익률은 떨어진다는 것이다. 왜냐하면 배달 비용(자체인력고용, 대행업체), 배달앱 수수료, 포장 비용 등의 추가 비용이 발생하기 때문이다.

혹시 외식업 양수도를 할 경우 해당 매장의 배달 비중이 과도하게 높지 않은지 확인해 볼 필요가 있다. 배달 관련 업종 예비창업자는 배달앱 수수료 외에 배달 비용에 대한 부분을 인지하고 있어야 한다.

고객이 배달을 요청했다고 배달 비용을 모두 부담시킬 수는 없다.

배달비를 고객에게 모두 부담시키는 매장도 있지만 경쟁이 심한 자영업시장에서 일정 금액 이상 주문 시 배달비를 점주가 부담하는 경우도 많기 때문에 예상손익 산정 시 이 부분을 반드시 반영해야 한다.

배달 관련된 상세내용은 Chapter 3를 참조하면 도움이 될 것이다.

불황기에도
편의점, 치킨집은
왜 많이 생길까?

창업에 관심이 있는 사람이라면 '최저임금 인상으로 인한 자영업자의 수익 감소, 경기불황, 소비심리 위축 등 여러 악조건 속에서도 편의점과 치킨집은 왜 항상 많이 생길까?'라는 생각을 해 본 적이 있을 것이다.

편의점 상위 4개업체 점포 수 현황
(2020년 말 기준, 단위: 점)

CU	1만 4923
GS25	1만 4688
세븐일레븐	1만 501
이마트24	5195

(자료: 각 사)

편의점 Big2 연도별 점포 수 추이
(단위: 개)

CU
1만 4923

1만 3918

1만 3169

GS25
1만 4688

1만 3877

1만 3107

2018년   2019년   2020년

(자료: 각 사)

당신의 창업인생은 이 책을 읽기 **전**과 읽은 **후**로 나뉜다

2019년 주요 외식업종 현황

구분	치킨	피자	커피	한식	제과제빵
가맹점수 (단위: 개)	25,471	6,698	16,186	24,875	8,464
브랜드수 (단위: 개)	477	156	390	1768	155
개점률	16.7%	14.8%	20.5%	29.8%	13.6%
폐점률	11.4%	8.0%	8.7%	13.7%	9.8%
가맹점 평균매출액 (단위: 백만)	263	273	232	359	440
상위5개 브랜드비중	25.7%	36.2%	36.4%	13.3%	72.4%

(자료: 공정거래위원회)

코로나로 인한 소비경기 둔화에도 불구하고, 두 업종 예비창업자는 많고, 실제로 창업을 하는 경우가 많다. 두 업종의 창업을 많이 하는 가장 큰 이유는 타 업종 대비 소자본 창업이 가능하고 매장 운영의 큰 노하우가 필요 없기 때문

전국 치킨집 창업 및 폐업 추이 (단위: 건)

(자료: 지방행정인허가 자료)

에 창업자금이 부족하고, 창업에 대한 막연한 두려움이 있는 사람들에게 굉장히 매력적일 수밖에 없기 때문이다.

그렇다면 두 업종의 창업비용에 대해 살펴보고 창업하기 전 주의해야 할 사항을 알아보자.

①

편의점 창업!
이 정도는 알고 하자!

　편의점의 경우 다른 업종과 가장 큰 차이점은 가맹계약의 형태가 다양하다는 점이다. 시설 및 인테리어, 임대차계약의 부담을 누가하느냐에 따라 계약조건이 달라진다. 4대 브랜드 편의점 업체의 경우, 점포 임차비용을 제외하고 2,200~2,400만 원 정도의 비용이 발생된다. 일반적으로 창업을 하게 되면 투자금이 가장 많이 들어가는 부분이 시설 및 인테리어이다. 그러나 편의점의 경우 본사가 시설 및 인테리어를 부담하는 조건이 있기 때문에 창업자금이 부담스러운 예비창업자에게는 너무나 매력적일 수밖에 없다.

　편의점 오픈이 많은 가장 큰 이유가 소자본 창업이 가능하기 때문이겠지만, 숨은 이유가 하나 더 있다. 그것은 바로 '지원금'이다. 매출이 높게 발생될 것으로 예상되는 위치에 본사가 수익이 발생된다고 판단되면 손실이 나지 않는 범위 안에서 높은 지원금을 점주에게 지급한다.

　편의점 성장기 이전과 다르게 최근에는 유튜브, 밴드, 블로그 등을 통해 많은 정보를 수집하거나, 유사한 경험을 통하여 창업 준비를 하는 사람들이 많다. 이 중 상당수 사람들은 좋은 위치의 매장을 직접 섭외한 후 여러 업체 간의 경쟁을 유도하여 최대한의 지원금을 받고 오픈한다.

이 책에서 다루는 주요 포인트가 창업하려는 업종에 대해 충분히 공부하고, 경험한 후 창업을 하라는 것인데, 편의점의 경우도 사전에 이러한 부분까지도 충분히 인지하고 준비한다면, 창업 후 수익적인 부분에서 큰 도움이 될 것이다.

◆ 편의점 창업 전 유의사항

편의점은 기본적으로 5년 계약이라는 가맹계약 조건이 있다. 만약 5년 안에 폐점 시 최초 지원받았던 시설, 인테리어, 지원금에 대한 위약금이 발생한다. 시설과 인테리어는 60개월이라는 감가상각을 적용 받기 때문에 남은 잔여 기간만큼에 대한 위약금을 부담해야 한다. 만약 최초 시설, 인테리어 비용이 7천만 원이었고, 30개월이 남은 시점에 폐점을 한다면, 30개월 남은 잔존가인 약 3,500만 원에 대해 규정된 방식으로 부담을 해야 한다.

앞서 언급한 영업지원금도 5년을 운영해야 온전히 보장되는 부분이고, 5년 안에 폐점할 경우에는 본사와 계약 당시 정한 기준에 맞춰 위약금 형식으로 반환해야 하니 처음 시작할 때부터 중도에 그만두더라도 감당할 수 있을지에 대한 부분도 꼼꼼히 챙긴 뒤, 창업여부를 결정해야 한다.

그리고 시설, 인테리어 비용을 투자하지 않는 대신에, 타업종 창업대비 높은 수준인 매출이익의 20~35%를 로열티 개념으로 매월 본사에 납부하기 때문에 사전에 편의점 손익구조에 대한 개념을 명확히 알고 시작할 것을 권장한다.

치킨집 창업!
이 정도는 알고 하자!

치킨집은 배달형, 카페형 등 다양한 형태로 오픈이 가능하다. 대부분의 업체는 그중에서 가맹점주 유치에 수월한 소자본 창업 컨셉을 적극적으로 홍보한다. 그렇기 때문에 공간이 작은 8평 미만의 테이크아웃 컨셉이 전체 비중에서 상당부분을 차지한다. 공간이 작기 때문에 당연히 투자비는 적게 들어갈 수 있겠지만, 공간의 제약으로 인하여 높은 매출을 기대하기 어렵고, 면적이 큰 경쟁업종이 근거리에 오픈 시 생존 자체가 어려울 수 있다.

구분	금액	내용
로열티	無	로열티 면제
가맹비	5,000,000	한시적으로 면제
이행보증금	3,000,000	계약 종료 시 반환
교육비	3,000,000	가맹점 운영 관련 교육
인테리어	실비	본사 진행시 평당 100만 원, 직접 시공시 감리비 50만 원
		철거, 설비, 목공, 후드, 타일, 조명 등의 내부공사
집기	7,000,000	냉동냉장고, 주방싱크대, 주방작업대, 튀김기 등
오픈준비	1,500,000	유니폼, 전단지 및 오픈증정품 등
총 개설비용		14,500,000

(별도 비용: 전기승압, 온수기, 냉난방기, 가스배관, 소방, 간판, 데크 등 외부공사)

위와 같이 '2,000만 원으로 창업이 가능하다.' 또는 '매장 오픈 개설비용이 1,450만 원' 등의 홍보를 통하여 창업자금 여력이 부족한 예비창업자들의 관심을 얻는다.

하지만, 창업비용 세부내역을 자세히 살펴보면 작은 글씨로 전기 승압, 온수기, 냉/난방기, 가스배관 등 별도의 비용이 들어간다는 내용이 있다. 대부분의 업체가 이런 식으로 비용이 적게 발생된다는 점을 어필하기 위하여 비용 별도라고 하여 제외 항목을 두는 경우가 많다. 업체관계자에게 이유를 물어보면 매장 컨디션에 따라 달라질 수 있기에 표기가 안 되어 있다고 한다.

기존에 식당을 운영하던 매장을 양수도 하는 경우, 기존 제반 시설이 갖추어져 있기 때문에 별도비용이라고 하는 항목에 대한 비용이 대부분 제외될 수 있다. 그러나 신규 시설 또는 업종이 변경될 경우 대부분 별도비용 항목에 대한 비용이 발생할 것이다. 그렇기 때문에 예비창업자 자신이 창업하려고 하는 매장의 컨디션이 어느 정도인지에 따라 초기 창업비용의 편차가 커질 수 있다.

◆ 치킨집 창업 전 유의사항

치킨집을 알아볼 때 반드시 체크해야 할 부분이 창업비용의 세부 견적이다. 앞서 설명한 것처럼 홈페이지나 카탈로그에 나와 있는 것과는 다르게 본격적으로 창업을 준비하는 과정에서 투입 비용이 커질 수 있다. 왜냐하면, 양수도 또는 동일업종이 아닌 신규 창업의 경우 별도비용이라고 표기되었던 항목들이 대부분 추가되기 때문이다.

그래서 치킨집을 준비한다면, 창업을 하려는 장소가 기존에 어떤 업종이었고, 재활용할 수 있는 항목이 어떤 것들이 있는지 차근차근히 체크해 볼 필요가 있다.

재활용 가능 여부 체크리스트 예시

항목	체크	특이사항	필요 비용
매장 바닥	○		
매장 천장	○		
매장 벽면		철거 후 신규공사	2,000,000
전기 승합		10 → 15KW로 승합	1,000,000
온수기	○		
냉난방기	○		
가스배관	○		
간판		신규설치	3,000,000
데크	○		
주방 집기		냉동 냉장고, 튀김기만 재활용	3,000,000
합계			9,000,000

이와 같이 시설 및 인테리어의 세부 내용을 체크리스트를 통하여 면밀히 체크하여 추가 비용 발생으로 또다시 추가 대출을 받는 등의 불상사가 일어나지 않도록 미연에 방지해야 한다.

마지막으로 치킨집 창업대출의 특성에 대해 알아보자.

다음 그림과 같이 치킨업체들은 다른 업종과 다르게 '전액대출지원안내', '창업비 0원'이라는 창업광고를 많이 하고 있다.

그 이유는 치킨집은 분식점 및 일반 식당과 다르게 주류(생맥주)를 판매하는 업종이다. 기본적으로 분식점이나 일반 식당 모두 창업 시 대출(프랜차이즈 대출, 자영업 대출 등)을 받을 수 있지만 치킨집은 기본 창업대출 외 주류대출을 추가적으로 받을 수 있다.

주류(생맥주 판매)를 판매하는 치킨집은 매장 평당(평수) 100만~150만 원(상권별 상이) 정도의 금액을 주류회사로부터 대출 받을 수 있다. 주류대출은 예비창업자가 매장을 오픈하는 과정에서 주류도매상, 주류제조사의 주류를 독점으로 공급받는 조건으로 수백만 원에서 최대 수천만 원까지 돈을 빌리는 영업과 연계된 대출을 일컫는다.

주류대출은 업계에서 쓰는 용어일 뿐이고 정확한 명칭은 '장기대여금'이다. 공식적으로 이자를 받게 되면 '대부업체'가 되기 때문에 주류 값에 반영하여 납품단가를 올려 받는 형태이다.

이자로 계산하면 약 15~18%이다. 주류대출은 대출기간(계약기간) 내 폐업하여 계약을 이행하지 못하게 되면 위약금을 지불해야 한다. 위약금 약정에 따라 다르지만 대출금의 20~30%까지 책정되기도 한다.

이러한 대출방법들을 창업자금 때문에 고민하는 예비창업자에게 제안하면 큰 관심을 갖게 되어 창업을 서두르게 된다. 하지만 대출을 받게 되면 지렛대 효과(타인 자본을 지렛대로 삼아 자기 자본율을 높이는 것)를 볼 수 있으나 앞서 설명한 대출상품들은 일반 은행 이율보다 높고, 매출 부진 시 대출금 상환의 어려움에 직면할 수 있는 상황이 올 수 있다. 그러므로, 최대 2년 이내에 투자비를 상환할 수 있는지 철저한 분석을 통하여 확인 후 오픈할 것을 권장한다.

Chapter 1

창업할까?

"창업이 과연 쉬울까?"라는 질문을 먼저 던지고 싶다.

다음의 그래프에 나온 준비기간을 보면 창업이 굉장히 쉽다고 생각을 하는 것 같다.

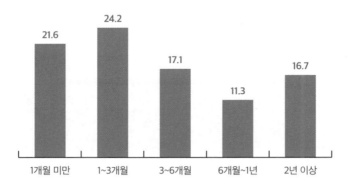

소상공인 창업준비 기간 (단위: %)

1개월 미만 21.6
1~3개월 24.2
3~6개월 17.1
6개월~1년 11.3
2년 이상 16.7

(자료: 중소기업청)

창업을 하는 사람들의 창업준비 기간 중 3개월 이하 비중이 45.8%로 2명 중 1명꼴이다. 굉장히 위험한 부분이다. 자신이 즐겁게 잘할 수 있는 무언가를 그에 걸맞는 적정한 위치를 찾고, 자신이 감당할 수 있는 투자액을 산정하고 총투자금액을 세팅하는 일련의 모든 과정이 3개월 이하라고 하면 과연 준비가 된 예비창업자라고 부를 수 있을까?

자영업 생존율

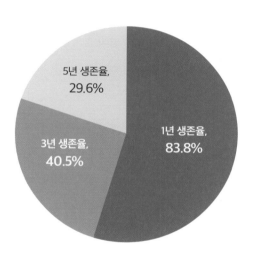

(자료: 중소기업연구원)

자영업 시작 후 3년 이내 폐업을 하는 비중이 약 60%인데 가장 큰 원인은 어디에 있을까? 이는 창업준비 기간에 있다고 생각한다. 시작하게 될 업종에 대한 충분한 파악 및 철저한 계획 없이 도전했다가 쓴맛을 본 경우가 이 범주에 속할 것이다. 최소한 지금부터 제시하는 창업 전 단계별 준비진행과정을 통하여 직접 자신을 대입하여 차근차근히 준비하면 실패 리스크를 많이 줄일 수 있다. 자, 지금부터 최소한 5년 생존율의 29.6%에 포함될 수 있도록 창업의 문을 열고 들어가 도전해 보자.

대부분의 직장인들이 창업을 하는 가장 큰 이유가 누군가의 눈치를 보지 않고 내가 하고 싶은 대로 뭐든 것을 할 수 있다고 생각하기 때문이다. 만약 이 책을 읽는 누군가도 그러한 생각 때문에 창업을 생각하는 것이라면, 다시 한 번 생각해 보라고 조언하고 싶다.

왜냐하면 차라리 눈치를 보더라도 때가 되면 꼬박꼬박 월급이 나오고, 주말에 아무 생각 안 하고 푹 쉬는 것이 나을지, 눈치는 안 보지만 돌아가는 상황에 대해 뭐든 책임을 저야 하고, 경쟁점이 혹시나 들어올까 노심초사하며, 대출 이자 내고 나면 남는 것이 없을 때의 좌절감을 느끼는 것보다 나을지 진지하게 고민해 볼 필요가 있다.

가장 확실히 망하는 방법이 있다. 나에 대한 확신 없이 급하게 뭔가를 해야 하다 보니, 나에게 잘 맞는 것이 아닌, 가지고 있는 자금에 나를 맞춰서 창업을 하게 되는 경우이다. 100이면 100번 모두 실패한다고 감히 말하고 싶다.

가장 확실히 실패하는 방법을 역으로 참고하여 다음과 같이 실행한다면 그만큼 성공 가능성이 높지 않을까 싶다.

1. 창업을 준비하면서 나에 대한 확신이 들 때까지 경험하라.
2. 나에게 잘 맞는 업종을 찾아라.
3. 나에게 잘 맞는데 자금이 모자라면, 시간을 두고 자금을 맞춰라.

---

①

나는 뭘 창업할까?

처음 창업을 시작한다면 절대 돈은 생각하지 말아야 한다. 돈을 생각하게
되면 정작 나에게 맞는 업종이 아닌 내 자금에 맞는 업종을 택하게 된다.

그렇다면 창업 시작할 때 무엇부터 준비하면 될까?

• 1단계

우선 백지와 펜을 준비해서 평상 시 관심을 갖고 있거나 머릿속에 생각나
는 업종을 주저 없이 적는다.

예시) 편의점, 도시락, 문구점, 미용실, 카페

　　　핸드폰, 부대찌개, 액세서리, 키즈카페

　　　김치찌개, 돈까스, 베이커리, 치킨, 아이스크림

• 2단계

1단계에서 기재한 항목 중 가장 관심 있고, 경험해 보고 싶었던 3가지 업종

을 정한다. 되도록 중복되지 않도록 유의한다. 예를 들어 부대찌개와 김치찌개는 같은 찌개류이기 때문에 하나만 선택하면 된다.

예시) 업종1: 편의점
　　　업종2: 액세서리
　　　업종3: 치킨

• 3단계
2단계에서 추려진 각 업종의 대표 브랜드 3개를 인터넷 서핑 및 주변인들의 평가 등을 통하여 선택한다.

예시) 〈업종1: 편의점〉
　　　CU
　　　GS25
　　　세븐일레븐

　　　〈업종2: 악세서리〉
　　　못된고양이
　　　세일50
　　　레드아이

　　　〈업종3: 치킨〉
　　　교촌

BHC

BBQ

• 4단계

포털 검색창에 '공정거래위원회'를 검색한다. 공정거래위원회 홈페이지로
접속하여 '가맹사업 홈페이지'를 클릭한다.

정보공개서 열람을 클릭한다.

선택한 브랜드들의 각종 정보를 하단의 순서대로 검색한다.

예를 들어, 검색창에 '교촌'을 입력하면 하단에 교촌에프앤비가 뜨고, 클릭하면 새로운 창이 나타난다.

새로운 창이 뜨면 필수로 확인해야 할 사항들은 다음과 같다.

연도	자산	부채	자본	매출액	영업이익	당기순이익
2017	63,441,579	35,334,670	28,106,909	318,848,192	20,413,893	3,573,374
2016	58,907,201	33,997,509	24,909,692	291,134,570	17,687,273	10,333,269
2015	55,636,881	41,230,576	14,406,305	257,568,943	15,150,420	6,975,624

필수 확인사항 1) 가맹본부의 매출액과 영업이익이 매년 증가하고 있는지 살펴봐야 한다. 꾸준히 성장하는 기업인지, 쇠퇴하는 기업인지 확인하기 좋은 지표이다.

당신의 **창업**인생은 이 책을 읽기 **전**과 읽은 **후**로 나뉜다

가맹점 및 직영점 현황 (단위: 개)

지역	2017년			2018년			2019년		
	전체	가맹점수	직영점수	전체	가맹점수	직영점수	전체	가맹점수	직영점수
전체	1,098	1,097	1	1,017	1,017	0	1,009	1,009	0
서울	175	175	0	177	177	0			
부산	86	86	0	84	84	0			
대구	59	58	1	57	57	0			
인천	47	47	0	47	47	0			
광주	35	35	0	34	34	0			
대전	29	29	0	31	31	0			
울산	35	35	0	35	35	0			
세종	5	5	0	5	5	0			
경기	211	211	0	206	206	0			
강원	41	41	0	41	41	0			
충북	33	33	0	32	32	0			
충남	44	44	0	41	41	0			
전북	42	42	0	41	41	0			
전남	34	34	0	34	34	0			
경북	60	60	0	58	58	0			
경남	83	83	0	79	79	0			
제주	17	17	0	16	16	0			

필수 확인사항 2) 가맹점 수의 매년 증가폭도 확인해 봐야 한다.

가맹점사업자의 평균 매출액 및 면적(3.3㎡)당 매출액 (단위: 천 원)

지역	2017년		
	가맹점수	평균매출액	면적(3.3㎡)당 평균매출액
전체	1,097	577,180	34,690
서울	175	780,000	42,150
부산	86	447,210	30,420
대구	58	456,500	29,680
인천	47	749,400	33,230
광주	35	588,480	41,770
대전	29	602,220	29,700
울산	35	489,250	32,690
세종	5	643,900	32,290
경기	211	658,750	41,940
강원	41	483,580	32,980
충북	33	501,760	32,470
충남	44	508,080	33,200
전북	42	576,780	28,800
전남	34	495,290	89,650
경북	60	466,990	27,300
경남	83	459,900	26,060
제주	17	445,880	24,390

필수 확인사항 3) 자신이 창업하고자 하는 지역의 연평균 매출액을 확인하면 현재 영업하고 있는 가맹점들의 대략적인 이익액을 산출할 수 있다.

필수 확인사항 4) 위 내용 확인이 끝나면 맨 하단에 있는 '정보공개서 보기'를 클릭하여 다시 새로운 화면에 접속한다. 실제 가맹본부에서 제공하는 정보공개서가 나오면 출력버튼을 눌러 출력한다. 정보공개서를 보면 기업에 대한 디테일한 정보를 모두 확인할 수 있다. 정보공개서를 읽으면서 궁금한 점이 있으면 형광펜으로 표기하고, 질문을 별도로 메모한다.

• 5단계

각 브랜드의 정보공개서 정독이 끝난 후, 고민을 하여 하나의 브랜드를 선정한다.

• 6단계

해당 기업의 사업설명회 진행일정을 홈페이지 또는 고객센터에서 확인하여 참석 예약 신청을 한다. 사업설명회에 참석하여 관계자의 설명을 잘 듣고 앞서 정보공개서를 읽으며 궁금했던 사항들을 질문하고 궁금증에 대한 답변을 꼼꼼히 다시 메모한다.

• 7단계

사업설명회를 참석했던 브랜드에서 운영 중인 가맹점을 최소 5곳 이상 방문한다. 한 지역에 집중 방문하기보다는 되도록 거리가 떨어진 다른 '구' 또는 '시'를 방문하고, 자신이 창업을 희망하는 지역은 피하는 것이 좋다. 이유는 방문한 매장의 가맹점주가 자신과 동일한 지역에서 창업하려는 줄 알고 불쾌해할 수 있기 때문이다.

방문한 매장의 가맹점주로부터 운영상 여러 가지 경험 및 장단점을 경청한다. 사업설명회는 기업의 장점을 주로 설명하는 데 비해서 실제 운영 가맹점은 가감 없이 장단점을 설명할 수 있기에 더욱 객관적이라 할 수 있다.

지금까지 설명한 7단계까지 실행 후에도 자신에게 잘 맞는 업종이자 브랜드라고 생각되면 창업 진행을 긍정적으로 고려하고, 만약 재판단이 필요하다고 생각되면 5단계로 돌아가 다시 업종 또는 브랜드를 재선정한다.

최종 단계는 해당 브랜드의 가맹점에서 아르바이트를 경험해 보는 것이다. 시간이 허용되는 범위 내에서 반드시 아르바이트를 경험하여 직접 몸으로 느껴 보는 것이 중요하다.

어떻게 창업할까?

업종을 정한 다음 정해야 할 부분이 신규 창업을 할지, 양수도 창업을 할지 정하는 것이다. 신규 창업은 말 그대로 새로운 사이트를 찾아 없던 간판을 설치하고 내부 인테리어를 거쳐 창업하는 것을 일컫는다. 양수도 창업은 기존에 운영되던 동일업종 매장의 운영권과 시설 등을 협의하여 그대로 인수하는 것이다.

그렇다면 어떤 방식의 창업이 유리할까? 신규 창업과 양수도 창업을 하게될 때 꼭 챙겨봐야 할 포인트를 짚어보겠다.

◆ 신규 창업

가장 꼼꼼하게 따져야 할 부분이 권리금이다. 권리 매도자가 제시한 금액이 타당한지 타당성 분석을 반드시 해야 한다. 후보점과 동일 건물 및 인근 건물 매장 중에 권리매각으로 나온 물건이 있는지 확인하고 후보점 대비 어느 정도 수준인지 체크해 봐야 한다.

A매장의 권리금이 5천만 원이고, 그 옆 B매장이 동일 평수인데 6천만 원이면 A매장이 당연히 좋은 조건이라 할 수 있다. 여기서 한 번 더 체크해 봐야 할 부분이 있다. 집합건물(각 매장마다 개별 임대인으로 구성된 건물)일 경우 각 매장마다 소유자가 다르기 때문에 A매장과 B매장의 보증금과 월세 등도 다르다.

A매장이 보증금 3천만 원, 월세 150만 원이고, B매장이 보증금 2천만 원, 월세 120만 원이라고 한다면 결코 권리금이 싼 A매장이 우수하다고 볼 수 없을 것이다. 이러한 경우 B매장의 보증금과 월세가 저렴하기 때문에 양도인을 설득하여, 6천만 원인 권리금을 500만 원 인하하여 5천 500만 원으로 합의하고 B매장을 계약할 것이다.

그러나 여기서 끝난 게 아니고, 한 번 더 체크해 봐야 할 부분이 있다. A매장과 B매장에서 어떤 업종을 운영하고 있느냐이다. 예를 들어 내가 하려고 하는 업종이 본사에서 인테리어와 장비 등을 투자하는 편의점 업종이나 기타 업종이라고 한다면 크게 상관은 없지만 외식업이나 그 외 업종 중에서 직접 인테리어 및 장비 등의 비용투자를 해야 하는 업종의 경우 현재 업종에서 활용할 수 있는 부분을 최대한 활용할 수 있는지를 따져봐야 한다.

나는 부대찌개집을 하려고 하는데, A매장이 미용실이고, B매장이 김밥집이라고 하면, B매장이 활용할 수 있는 부분이 많을 것이다. 일단 내부 구조가 같기 때문에 주방과 홀의 경계 벽을 재활용할 수도 있고, 주방 안의 집기, 장비, 소도구, 위생도구, 가스시설 역시 재활용이 가능하다.

반면 미용실의 경우 외식업과 내부 인테리어 구조 자체가 다르고 공유할 수 있는 것이 딱히 없기 때문에 내부 철거 후 새롭게 구성을 해야 한다.

최근 창업자들의 초기 비용에 대한 부담을 덜어 주기 위해 여러 프랜차이즈 업체에서는 기존 업종이 유사할 경우 최대한 재활용할 수 있도록 협의가 가능한 추세이다. 그렇기 때문에 현재 관심을 가지고 있는 매장이 창업하려고 하는 업종과 연관성이 있는지 따져보는 것도 중요한 포인트이다.

◆ 양수도 창업

양수도 창업은 신규 창업보다 살펴봐야 할 부분이 적은 편이다. 왜냐하면 현재 운영하고 있는 모든 데이터가 타당한지만 검토하면 되기 때문이다. 예를 들어 현재 A매장의 일평균 매출이 80만 원이라고 한다면 이 금액이 조작이 아닌 정확한 데이터인지 확인하면 된다.

가장 먼저 확인해야 할 부분이 포스 데이터이다. 포스에 매출 정보가 있고, 매출정보에는 객수, 객단가, 매출, 매출 중에서 카드매출과 현금매출 비중 등의 정보를 제공한다. 최근에는 대부분의 고객들이 카드로 결제하기 때문에 이전보다 확연히 조작을 하는 부분은 줄었다고 본다.

만일 일매출이 80만 원인데 카드결제 비중이 50~60%라고 한다. 정상적일까? 절대 정상적이지 않다. 최소 80% 이상이 되야 신빙성이 있다고 볼 수 있다. 이런 경우 대부분 일매출을 올리기 위해 임의로 현금매출 등록을 하는 경우가 다반사이다. 이러한 부분을 확인해야 한다. 이와 동시에 주중/주말로 나누어 매장 앞에서 직접 눈으로 고객 수 및 매장 운영하는 부분을 꼼꼼히 체크해야 더욱 확실한 검증이 될 것이다.

양수도 할 때 현재 운영중인 매장의 운영기간도 중요하다. 만약 7~8년 이상 운영을 했고, 그 사이 별다른 리뉴얼이 이루어지지 않았다면 크게 메리트가 없다고 보면 된다. 왜냐하면, 인테리어 역시 리뉴얼 주기가 있기 때문에 매장환경 및 고객만족을 위해서도 어느 정도 시기가 되면 투자를 해야 하는 부분이다. 내부 장비 역시 마찬가지이다.

7~8년 이상 운영을 한 매장을 양수도 한다면, 비용투자를 생각해야 하기 때문에 양수도의 장점을 크게 살리지 못한다고 볼 수 있다. 한 가지 더 챙겨봐야 할 부분은 현재 운영 중인 매장의 컨디션이다.

내가 만약 인수했을 경우 과연 매출이 더 올라갈 여력이 있을지 분석을 해봐야 한다. 현재 외식업을 운영 중일 경우, 운영 중인 매장의 음식의 퀄리티, 근무자들의 서비스, 매장 내·외부 청결도 등 흔히 매장 구성의 3요소라고 할 수 있는 QSC를 면밀히 체크해 봐야 한다.

양수도 하려는 매장의 운영력이 뛰어나서 오히려 내가 운영할 경우 이보다 못할 것 같다고 판단되면, 현재 매출보다 하향하여 예상손익을 짜 보면 된다. 운영력이 뛰어난 매장의 경우 매출 상승여력이 없기 때문에 오히려 인수하려는 사람 입장에서는 부담이 되고, 양수도 할 경우에도 권리금이 높게 형성될 것이다.

그래서 필자는 반대의 경우를 추천하고 싶다. 활성화되어 있는 상권인데 반해, 운영력이 떨어져 매출이 그리 높지 않은 매장을 인수했을 경우에 환골탈태한다는 생각으로 자신감을 갖고 매장개선 작업을 한다면 상당부분 매출을 올릴 수 있을 것이다.

인수할 당시에 매출이 그리 높지 않았다면 권리금 역시 높지 않을 것이고, 향후 매출이 많이 올랐을 경우 이전보다 높은 권리금으로 재매각을 하여 차익을 거둘 수 있는 장점도 있기 때문이다.

☆☆☆☆☆

Chapter 2

나에게 맞는
최고의 매장
구하기

① 창업자금

우선 신규 자영업자의 창업자금이 어느 정도인지부터 파악을 해 보겠다.

신규 자영업자 사업자금 규모

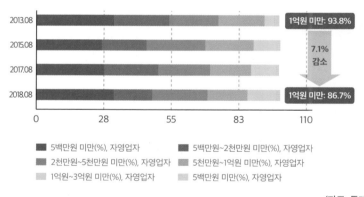

(자료: 통계청)

2013년부터 2018년의 예비창업자들의 사업자금 규모를 보게 되면 창업자금 규모는 1억 원 미만 비중이 85% 이상일 정도로 압도적이다. 그러나 2013

년 8월 대비 2018년 8월의 경우 1억 원 미만 투자 비율이 7.1% 감소하였는데 여러 대기업 및 금융권 등의 고연봉 직장인들의 퇴사 증대로 인하여 이전보다 창업자금 지불능력이 높아졌고, 투자를 좀 더 해야 예상되는 수익이 커질 거라는 심리적인 부분 때문에 늘었다고 풀이된다.

그렇다면 나에게 맞는 창업자금 규모는 어느 정도일까?

자신의 현재 수준이 어느 정도인지 자산파악을 한 후 자산 중 현금화할 수 있는 리스트를 구성한다. 그 리스트 중에서 현금화할 경우 손해를 보게 되는 자산은 해지하지 않는 것이 좋다. 예를 들어 환급이 되지 않는 암보험, 해지시 손해를 보게 되는 연금저축 등은 그대로 유지하는 것을 권장한다.

그렇게 준비된 금액이 예를 들어 8천만 원이라고 한다면 이 중 20%인 1,600만 원은 초기 운영자금이라는 명목으로 따로 빼두는 것이 좋다.

초기 운영자금이 무엇일까?

새로 오픈을 할 때 모든 것을 쏟아붓게 되면 초기에 생각지 못했던 자금이 필요할 때 투입이 되지 못해 낭패를 보기 쉬운 경우가 발생하는데 이때 필요한 자금이다.

만약, 초기 활성화 이벤트를 하기 위해 대규모로 메뉴 할인행사를 하여 한두 달 이익발생이 되지 않았다면 당장의 인건비, 수도광열비 등의 관리비, 임차료, 원재료비 지출을 하지 못해 영업에 차질이 생길 수도 있다.

그럴 경우 초기 운영자금을 통하여 자금집행을 할 수 있다. 초기 운영자금은 창업을 준비하는 과정에서 없는 돈이라고 생각하는 것이 좋다. 그렇다면 나의 창업자금은 총 8,000만 원의 초기 운영자금 20%를 제외한 6,400만 원이라고 가정하고, 창업을 준비한다.

A브랜드를 하고 싶은데 매장 포함 총 1억 2천만 원이 필요하다면 이때 필요한 구세주가 바로 대출이다. 약이 되기도 하지만, 독이 되기도 하는 대출은 기준에 따라서 많이 받을 수도 있겠지만, 절대 무리하지 않을 것을 권장한다. 제안하고 싶은 대출의 범위는 나중에 폐업이라는 좋지 않은 결과가 발생했을 때 회수가 될 수 있는 금액까지만 받는 것이 좋다고 본다.

가장 대표적인 것이 임차보증금이다. 총투자 금액 1억 2천만 원 중에서 임차보증금이 4천만 원이면, 4천만 원까지만 대출을 받는 것이다.

총 창업 자금 1억 2천만 원 - 현재 보유한 창업자금 6,400만 원 - 대출 권장금액 4,000만 원 = 1,600만 원이 부족하다.

부족한 금액이 1,600만 원 정도인데 내가 감당할 수 있다는 자신이 있으면 기존 대출 권장금액 4천만 원에 추가로 대출을 받으면 된다. 그러나 만약 창업필요자금이 2억 원이라고 한다면, 부족한 금액은 9,600만 원이 된다. 이럴 경우 대출이 나오기도 힘든 범위이고, 설사 된다고 하더라도 상당한 리스크가 따르기 때문에 현재 창업자금에 맞는 다른 매장 또는 브랜드를 선택하는 것이 좋다.

창업 선택을 하는 데 있어서 가장 고민을 하게 되는 부분이 권리금이다. 당연히 주변시세 분석을 통한 권리금 적정선을 따져보는 것이 중요하지만 내 자금상황에 맞지 않는 무리한 투자를 하려고 하는 것은 절대 지양해야 할 부분이다.

권리금에는 시설권리금(기존 시설 활용할 경우 기존세입자에게 지불하는 금액) + 영업권리금(기존 영업권을 인수하였을 경우 바로 득이 될 수 있다고 판단되는 부분에 대해 책정된 금액) + 바닥권리금(주변 매장에 붙어 있는 기본적인 권리금 시세)이 있다.

처음 창업을 준비할 때, 해당 매장에 꽂히게 되면 당연히 이 정도 금액은 지불해야 하는 거라는 착각에 빠지게 된다. 이럴 때 더욱 냉정해져야 한다. 권리금이라는 것은 상권의 변화와 여러 상황에 따라 없어질 수도 있는 돈이라는 생각을 하고 나의 상황에 맞는 매장을 찾는 것이 중요하다.

주변시세도 높고, 굉장히 좋은 위치에 있는 매장이라도 업종 선택이나 운영자의 운영능력에 따라서는 최초 지불한 금액의 반은커녕 1원도 못 받고 나오는 경우를 여러 번 봤기 때문에 더욱 주의를 요하고 싶은 부분이다.

프랜차이즈 가맹점의
일반적인 오픈 절차

가맹상담	현장조사	본사 출점여부 결정
정보공개서 가맹계약서 인근 가맹점 리스트 (10개점) 개인정보 수집 및 이용 동의서 예비창업자 제공	예비창업자 희망 후보점 또는 본사 추천 점포 입지분석 및 상권조사	예상매출 분석 출점 타당성 분석 출점 승인

점포계약	예상매출 제공	가맹계약
임대차 또는 권리계약 계약 ~ 잔금 약 1개월 소요	가맹계약 前 예상매출 산정서 제공	해당 프랜차이즈 본사 방문하여 가맹계약 진행

보증보험 가입	가맹금 납입	실측
가맹사업자 피해보험 가입	보험가입 後 7일 이내 납입	레이아웃 약 5~7일 소요

시설공사	브랜드 교육	Grand Open
공사기간 약 25~35일 (점포 평수 등에 따라)	본사 입소 교육 현장 교육	개점 준비 및 최종점검 오픈 및 지원

상권이란
무엇일까?

장사에 관심을 갖기 시작할 때 흔히 듣는 말 중에 하나가 상권이다. 막연히 '상권 좋네!' '상권이 어때?'라는 말을 하기도 하고 듣기도 하는데 정확한 상권의 정의는 무엇일까? 우선 포털에 나오는 사전적 의미는 다음과 같다.

- 대상 상가가 흡인할 수 있는 소비자가 있는 권역으로, 상업활동을 성립시키는 지역조건이 구비된 공간적 넓이를 말한다. (부동산용어 사전)
- 일정한 지역을 중심으로 재화와 용역의 유통이 이루어지는 공간적 범위. (한국민족문화 대백과)

이 둘을 합쳐서 설명하면, 상권은 상가가 포함된 상권 내에는 소비자가 존재해야 하고, 그 안에서 재화와 용역의 유통이 이루어지는 공간이 되어야 한다. 상권에 대해 알아볼 때 기본적으로 알아야 하는 용어에 대해서 살펴보겠다.

- 동선: 사람들이 움직이는 방향
- 주동선: 사람들이 주로 움직이는 방향
- 부동선: 사람들이 주로 다니는 동선이 아닌 다른 동선
- 가시성(시계성): 하나의 매장을 기준으로 할 때 어느 곳에서도 잘 보이는 경우에 '가시성이 우수하다.'라고 한다.
- 상주인구: 주변 시설에 거주 또는 머무는 사람
- 접근성: 고객이 해당 매장을 방문할 때 어떤 동선으로 방문할 수 있는지를 일컫는다. '접근성이 좋다.'라는 말을 '편리하게 매장을 방문할 수 있다.'라는 말로 풀이하면 쉽다.
- 전용면적: 단일 매장이 독립적으로 사용할 수 있는 면적. 실제로 사용할 수 있는 면적이라고 생각하면 된다. 일반적으로 부동산에서 면적 확인할 때 '실평수'라는 단어를 쓰는데 동일한 의미라고 생각하면 된다.
- 계약면적: 전용면적에 타 상가들과 공용으로 사용하는 면적(복도, 화장실, 계단, 엘리베이터, 주차장 등)을 더한 값으로 상가분양 광고 등에 등장하는 면적은 계약면적이라고 생각하면 된다.

◆ 그렇다면 상권의 종류에는 어떠한 것들이 있을까?

① 역세권

지하철역을 기준으로 소비가 형성되는 상권을 말한다. 일반적으로 지하철역 출구를 기준으로 근거리에 위치할수록 권리 및 임차시세가 높다. 아무래도 역출구 주변이 유동인구가 많아 잠재고객이 다른 위치보다 많을 수밖에

없기 때문이다. 그렇다고 출구 앞이라고 해서 맹신해서는 안 된다.

　출구 주변에 어떠한 시설들이 자리잡고 있고, 해당 건물들의 공실률도 살펴봐야 한다. 아무리 이용객이 많은 지하철역이라고 해도 출구마다 유동인구는 천차만별이라는 점을 인지하고 있어야 한다. 유동인구가 많은 상권이기 때문에 고가보다는 중저가 상품이나 서비스를 취급하는 것이 효율성이 있다.

　역세권을 돌아다녀 보면 고가의 명품샵보다는 캐주얼 의류매장들이 많고, 고급레스토랑보다는 패스트푸드 매장들이 많은 것이 그 이유이다.

　• 참고할 만한 역세권 상권: 왕십리역, 강남역, 홍대입구역

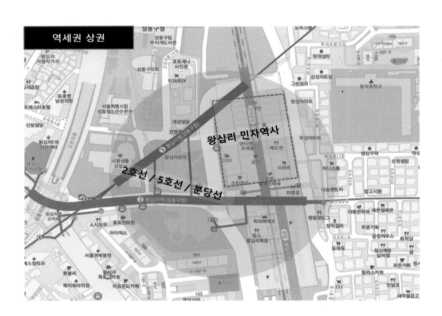

당신의 **창업인생**은 이 책을 읽기 **전**과 읽은 **후**로 나뉜다

② 학원가(대학가)

상가가 학교 및 학원 밀집가에 위치하고 있다면 이 상가의 주고객은 학생이 될 것이다. 학교도 어떤 종류인지에 따라서 상당한 차이가 난다. 매장을 운영한다고 가정할 때, 초등학교, 중학교, 고등학교, 대학교 중 어떤 학교인지에 따라 매출에 차이가 클 것이다. 아무래도 소비력이 초등학생보다는 대학생이 높을 것이다.

학교의 종류에 따라서 업종을 잘 정해야 한다. 학원가의 가장 큰 장점이자 단점은 방학이 있다는 것이다. 학기 중에 열심히 벌고, 방학철에 쉬어가는 패턴을 선호하는 창업자라면 학원가 상권이 잘 맞을 수 있다. 대신 방학철에 쉬어가도 될 만큼 학기 중에 높은 수익이 보장되어야 할 것이다.

흔히 학원가에서 분리해서 봐야 할 상권이 대학가 상권이다. 대학가의 경우 학생들을 상대로 한 중저가 컨셉의 외식업, 의류 매장들이 구성되어 있다 보니, 경기 침체 시에도 타상권보다는 영향을 덜 받는다는 것이 장점이다.

• 참고할 만한 대학가 상권: 경희대(서울), 건국대, 중앙대, 이화여대

③ 주택가

흔히 주택들이 형성되어 있는 곳에 보이는 상가들은 주택가 상권이라고 보면 된다. 가장 무난하면서 가장 많이 택하는 상권이다. 주택가 상권에는 아파트, 오피스텔, 빌라 및 단독주택, 원룸 상권이 있다.

해당 상권에서 가장 유의해야 하는 점은 주거배후의 세대수가 얼마이며, 그 세대의 구성이 어떤지를 살펴보는 것이 중요하다. 4인 가구가 많은 오피스텔 1층에 코인세탁소를 오픈한다면 얼마 가지 않아 폐업할 확률이 높다.

반대로 1인 가구가 많은 오피스텔에 좌식으로 구성된 아구찜 매장이 생긴다면 어떨까? 혼자 사는 사람이 집중된 상권에 아구찜 중, 대를 판매하면 절대 성공하지 못할 것이다. 주택가 상권의 경우 일반적으로 출근하는 시간대에는 대부분 바쁘기 때문에 출근시간 동선에 적합한 업종으로는 편의점, 테이크아웃 커피 전문점 등에 국한된다.

반면 퇴근 시간대에는 심적인 여유가 생기기 때문에 다양한 주류 판매가 동반된 외식업종 및 그 외 다양한 업종들이 성공할 수 있는 가능성이 있기 때문에 퇴근시간 사람들의 동선을 유심히 살펴볼 필요가 있다.

④ 오피스가

직장인을 상대로 영업을 하기 때문에 음식의 퀄리티 및 가성비가 중요하다. 입지도 중요하겠지만, 직장인들이 구매력이 어느 정도 있기 때문에 일정 수준 이상의 맛이 있어야 장기적인 영업이 가능하다.

점심 시간대 고객이 집중되기 때문에 경쟁력 있는 단일메뉴로 운영하여 회전율을 높이는 것이 수익성확보에 용이하다. 그리고 최근 배달수요가 많아 작게 해도 된다고 생각하겠지만, 오피스 상권의 경우는 되도록이면 매장 면적이 클수록 좋다.

• 참고할 만한 오피스 상권: 여의도, 을지로입구, 구로디지털단지, 가
  산디지털단지

⑤ 유흥가(시내 중심가)

대체적으로 사람들 간의 약속이 이루어지는 곳이기 때문에 지하철, 버스
등의 교통 접근성이 우수한 상권이다. 백화점 또는 대형마트, 극장 등의 대
형유통시설을 기준으로 주변에 로데오거리 또는 먹자골목이 형성된 상권이
일반적이다.

대부분 역세권과 복합적으로 형성되어 있다고 보면 된다. 유흥가 상권은
앞으로 시간이 지나면서 상권 범위 자체가 좁혀질 가능성이 크다. 왜냐하면
몇 년 사이에 스타필드, 롯데몰 등의 복합쇼핑몰이 지속적으로 생기면서 굳

이 주차도 힘들고 번잡한 유흥가에서 약속을 잡기보다는 날씨, 주차 걱정 없이 원스톱으로 여러 가지를 즐길 수 있는 복합쇼핑몰을 택하는 사람들이 급격히 늘어나고 있기 때문이다. 역세권은 어쩔 수 없이 이용해야 하는 교통시설이 있기 때문에 상대적으로 낫겠지만, 유흥가는 선택을 해야 하는 상권이기에 창업 고려 시 고민해 봐야 할 상권이다.

• 참고할 만한 유흥가 상권: 서울 강남영동시장 골목, 부천 중동롯데
  백화점 먹자골목

만약 이 상권들 중에서 두 가지가 공존한다면, 복합상권이 되는 것이다.

4
매장 구하는 방법

1) 스스로 알아보고, 스스로 구하는 법

최근 많은 어플 및 사이트들이 생기면서 매장을 직접 구하는 사람들이 늘고 있다. 포털 검색창에 점포 구하기 등을 입력하면 수없이 많은 사이트들이 뜬다. 해당 사이트에 접속하여 자신이 원하는 지역 및 금액대에 맞춰서 찾고, 표기된 연락처로 전화하여 직접 확인하면 된다.

장점은 당연히 직거래 이용이기 때문에 중개수수료(복비) 등의 비용 발생이 없다는 점이고 단점은 주변시세 파악이 제대로 되지 않아 터무니 없는 권리금에 계약할 수 있고, 임대인 성향이나 건물 상황에 대한 정보 없이 임대차 계약을 할 경우 이후에 여러 문제가 발생하기도 한다. 상권에 대한 지식이 많이 없고, 처음 창업을 생각하는 사람이라면 직접 매장을 구하는 것은 추천하고 싶지 않다.

어렵게 결정을 하여 창업을 시작하게 되면 준비과정에서 한 푼이 아쉬운 것은 사실이다. 그러나 매장을 구하는 단계부터 추후 매장 오픈 이후에도 발생할 수 있는 리스크를 최소화한다고 생각하고 되도록 전문가에게 도움을 받는 것을 권장한다.

2) 중개인을 통해 구하는 법

여러 언론매체와 주변 소문을 통하여 중개인의 나쁜 사례를 많이 봤을 것이다. 그러다 보니 중개인을 통해서 거래를 하면 사기를 당한다고 생각하는 사람이 많다. 그러나 초보 창업자의 경우 중개인의 도움을 받아서 매장을 구하는 것이 안전하다. 한 곳의 중개인을 맹신하는 것보다는 여러 중개인에게 많은 정보를 알아보고, 비교하여 선택하면 된다.

중개수수료의 경우 환산보증금의 최대 0.9%까지 지급하도록 되어 있다.

예시) 보증금 5천만 원, 월세 100만 원일 경우,

　　　보증금 5천만 원 + (월세 100만 원 × 100) = 1억 5천만 원 × 0.9%

　　　= 135만 원

　　　단, 최대가 0.9%이기에 상황에 따라서 잘 협의하여 지급하면 된다.

3) 해당 회사의 추천을 받는 법

가장 확실한 방법이기도 하다. 일반적으로 창업하고 싶은 업체 담당자의 추천을 받게 되면 기존에 운영하고 있던 매장의 양수도를 하는 경우도 많다.

기존 운영을 하고 있었기 때문에 매출 및 손익에 대한 예측도 수월하고, 기존 양수인과 적정 협의 시에 저렴한 가격에 양수도를 할 수 있는 장점이 있다.

그러나 회사에서 추천하는 매장들의 경우, 매출이 높지 않거나, 매출은 높은데 양수도 시 권리금을 상당히 높게 부르는 경우가 많다. 앞서 〈창업할까?〉의 〈어떻게 창업할까?〉의 양수도 창업에 대한 설명을 참고하면 좋다.

상담하는 과정에서 신규 매장과 함께 양수도 매장도 소개받아 보는 것이 중요하고, 여러 매장을 방문하여 가능성 있는 매장일 경우 적정 금액 협의를 해 보는 것도 추천한다.

4) 들어갈 만한 매장인지 긴가민가할 때 필요한 자가 체크리스트

① 매장 외관 체크리스트

항목	40점 만점		
	0점	3점	5점
매장형태	단면 [　　]	2면 코너 [　　]	3면 코너 [　　]
건물 노출도	하 [　　]	중 [　　]	상 [　　]
전면길이	4m 이하 [　　]	4~7m [　　]	7m 이상 [　　]
매장외부 앞 계단	3칸 이상 [　　]	1~3칸 [　　]	없음 [　　]
돌출간판 가능여부	없음 [　　]		있음 [　　]
매장입구 진입 편리성	상 [　　]	중 [　　]	하 [　　]
주차가능여부	없음 [　　]	1대 [　　]	2대 이상 [　　]
화장실	없음 [　　]	공용 [　　]	남녀별도 [　　]

- 합계 34점 이상: 최상급 / 26~33점: 상급 / 21~25점: 중급 / 20점 이하: 하급

당신의 **창업**인생은 이 책을 읽기 **전**과 읽은 **후**로 나뉜다

- 점수의 합이 하급일 경우, 보다 좋은 매장이 있는지 재검토 필요함

② 매장 계약 전 확인해야 할 매장 허가사항 및 금액 적정성 체크리스트

항목	해당사항에 체크
건물제한	업종제한[있음 / 없음] 동종여부[있음 / 없음]
불법건축물 여부	여부 [YES / NO]
가스사용여부 (필요시)	도시가스[ ] LP가스 [ ]
사용전기용량 (증설필요시)	現사용량[ ] 증설여부[가능 / 불가능]
보증금 (주변시세대비)	인정여부[YES / NO]
월세 (주변시세대비)	인정여부[YES / NO]
권리금 (주변시세대비)	인정여부[YES / NO]
관리비 (과도한지 확인)	평당비용[ ] 평균금액[ ]
근저당설정 (담보설정필요시)	설정여부[YES / NO] 설정금액[ ] 추가설정가능여부[ ]
정화조 용량 확인	이상여부[YES / NO]
건물용도	업종파악[1종 / 2종]

- 업종제한 여부: 최초 건축 시 주류를 판매하지 않는 업종만을 위한 건물
  이 있어 해당 부분 체크하고, 동종 업종 입점 가능 여부도 확인
- 1, 2종 여부: 외식업은 2종업(주류판매 기준)이 되어야만 입점이 가능하
  기 때문에 부동산 or 건물주에게 변경 여부 꼭 확인할 것
- 정화조 용량 체크: 업종 여부에 따라 건물마다 허가 받은 용량이 있으므

로 2종 변경 or 입주 시 문제가 없는지 확인할 것(단, 기존에 음식업이 운영 중일 경우 가능)

- 전기 용량 체크: 최초 건축을 진행할 시 건물마다 승인 및 설치한 전기용량이 있으므로 승압, 증설, 여유분 등을 체크할 것(국번없이 123 or 부동산 or 건물주 확인)

- 전기용량은 4가지 체크: 건물 내 승인 받은 용량 / 현재 사용 중인 용량 / 입점 매장 내 사용 중인 용량 / 증설 or 여유분 용량

③ 매장 계약 전 확인해야 하는 공부서류

일반적으로 중개인을 통해서 계약이 이루어지면 중개인이 알아서 체크를 한 후 설명을 해 주기 때문에 직접 매장을 구하고 계약까지 개별적으로 하지 않는 이상 디테일하게 알 필요까지는 없다. 하지만 이 책은 스스로 창업의 1단계부터 10단계까지 할 수 있도록 도와주는 것이 목적이기 때문에 직접 체크해 볼 수 있도록 정리해 보았다.

ㄱ. 등기부등본

등기사항전부증명서 (말소사항 포함) - 토지

‖‖‖‖‖‖‖‖‖‖‖‖‖‖‖‖

[토지] 서울시 강남구 강남동 1-1 　　　　　　　　　　　고유번호 1143-1996-029898

【 표 제 부 】 （토지의 표시）

표시번호	접 수	소 재 지 번	지 목	면 적	등기원인 및 기타사항
1 (전 4)	1979년10월31일	서울시 강남구 강남동 1-1	대	651.2㎡	
					부동산등기법 제177조의 6 제1항의 규정에 의하여 1999년 08월 04일 전산이기

【 갑 　 구 】 （소유권에 관한 사항）

순위번호	등 기 목 적	접 수	등 기 원 인	권 리 자 및 기 타 사 항
1 (전 1)	소유권이전	1967년12월28일 제62657호	1967년12월23일 매매	소 유 자 : 홍 길 동

[집합건물] 서울시 강남구 강남동 1-1 강남빌딩 106호 　　　　　고유번호 1247-2012-001503

【 을 　 구 】 （소유권 이외의 권리에 관한 사항）

순위번호	등 기 목 적	접 수	등 기 원 인	권 리 자 및 기 타 사 항
1	근저당권설정	2012년5월4일 제27553호	2012년5월4일 설정계약	
2	근저당권설정	2012년7월9일 제44537호	2012년7월9일 설정계약	채권최고액 : 104,000,000원 채무자: 홍 길 동
3	1번근저당권설정등기말소	2012년7월9일 제44731호	2012년7월9일 일부포기	

― 이 하 여 백 ―

- 인터넷 검색창에 인터넷 등기소 입력하여 접속한 후 로그인 → 후보매장 주소지 입력하여 해당 사항들 체크

- 표제부 확인 사항: 후보매장의 주소 확인

- 갑구 확인 사항: 소유주 확인(토지와 건물 소유주 각각 확인 필요), 토지/ 건물 소유주가 다를 경우 공동건물주와 동일한 임대차계약 진행 필요

- 을구 확인 사항: 소유권 이외의 권리에 관한 사항(근저당, 전세권 설정 확인)

- 담보설정이 과도하게 설정되어 있으면 내 보증금이 안전할지에 대한 판 단 필요

ㄴ. 건축물대장(일반건축물대장)

일반건축물대장(갑)

장번호 : 1 - 1

고유번호	1171010400-1-00590000		민원24접수번호	20120726 - 82956995		명칭			특이사항	

대지위치	서울시 강남구 강남동			지번	1-1		도로명주소	서울시 강남구 강남로 1	
※대지면적	1,780.05 ㎡	연면적	1,283.74 ㎡	※지역	일반주거지역		※지구	제4종미관지구	※구역
건축면적	659.27 ㎡	용적률산정용연면적	0 ㎡	주구조	철근콘크리트조, 경량철골,판넬조		주용도	근린생활시설	층수 지하 1층/지상 1층
※건폐율	37.04 %	※용적률	34.74 %	높이	5 m		지붕	평지붕	부속건축물 0동 0㎡

건 축 물 현 황					소 유 자 현 황			
구분	층별	구조	용도	면적(㎡)	성명(명칭) 주민(법인)등록번호 (부동산등기용등록번호)	주소	소유권 지분	변동일자 변동원인
주1	지1	철근콘크리트조	근린생활시설(일반목욕탕)	642.23	홍길동	서울시 강서동		1990.01.12
주1	지1	철근콘크리트조	근린생활시설(미용실)	23.1				소유자등록
주1	1층	철근콘크리트조	근린생활시설	578				
주1	1층	경량철골,판넬조	근린생활시설	40.41				
		- 이하여백 -						

이 등(초)본은 건축물대장의 원본 내용과 틀림없음을 증명합니다.

발급일자 : 2012년 07월 26일

담당자 : 토지관리과
전 화 : 02 - 2147 - 3082

서울특별시 송파구청장

당신의 **창업**인생은 이 책을 읽기 **전**과 읽은 **후**로 나뉜다

소유자현황(을)						장번호 : 1 - 2
고유번호	1171010400-1-00590000	민원24접수번호	20120726 - 82856995	명칭		특이사항
대지위치	서울시 강남구 강남동	지번	1-1	도로명주소		서울시 강남구 강남로 1

소 유 자 현 황					
성명(명칭)	주민(법인)등록번호 (부동산등기용등록번호)	주소	소유권지분	변동일자	변동원인
홍길동		서울시 강서동		1990.01.12	소유자등록
		- 이하여백 -			

- 인터넷 검색창에 정부24 입력 후 접속하여 건축물대장 클릭한 후 후보매
장 주소 입력
- 갑구 확인 사항: 후보매장 주소 확인 / 건물 구조 및 용도, 면적 확인
  → 영업할 공간의 용도가 근린생활시설인지 확인하고, 면적도 알고 있던
  면적과 동일한지 확인한다. 만약 건축물 상에 불법건축물이 있다면 '일반
  건축물대장(갑)' 우측에 표기되어 있으니 이 또한 확인이 필요하다.
- 을구 확인 사항: 소유주 확인(등기부등본상의 소유주와 동일한지 확인)
- 만약 공동소유건물의 임대차계약 시에는 공동소유주 전원 참석해야 하
고, 미참석할 경우에는 참석하는 소유주가 위임장 및 인감증명서 첨부
후 참석해야 한다.

ㄷ. 건축물대장(집합 건축물대장)

표제: 집합건축물대장(전유부)

구분	층별	※구조	용도	면적(㎡)	성명(명칭) (부동산등기용등록번호)	주소	소유권 지분	변동일자 변동원인
주	1층	철근콘크리트구조	제2종근린생활시설(일반음식점)	46.37	홍길동	서울시 강서동	1/1	2011.03.31 소유자등록
	-이하여백-						1/1	2011.04.07 주소정정

공용부분

구분	층별	구조	용도	면적(㎡)
주	각층	철근콘크리트구조	주차장(지2~지4)	24.14
주	각층	철근콘크리트구조	계단실 외 기타	7.79
주	각층	철근콘크리트구조	기계.전기실(지4)	1.87
주	각층	철근콘크리트구조	공조실(지2.3층~10층)	1.19
주	1층	철근콘크리트구조	복도	12.24

- 인터넷 검색창에 정부24 입력 후 접속하여 건축물대장 클릭한 후 후보매
  장 주소 입력
- 일반건축물 대장과 동일한 항목 체크
- 일반건축물과 집합건축물의 차이: 건축물의 소유주가 개인이거나 홍길
  동 외 ○명 등으로 대표자가 기재되어 있는 경우는 일반건축물이고, 건
  축물의 소유주가 여러 명이며, 각각의 이름이 명시되는 경우는 집합건축
  물이라고 생각하면 된다.

(일반적으로 아파트, 다세대주택 등은 집합건축물에 해당)

당신의 **창업**인생은 이 책을 읽기 **전**과 읽은 **후**로 나뉜다

ㄹ. 토지계획이용확인원

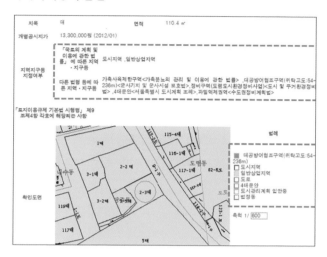

- 인터넷 검색창에 토지이용규제정보시스템 입력하여 접속한 후 후보매장 주소지 입력하여 해당사항 체크
- 실제 후보매장 건물에 위치한 땅의 모양과 도면상 보이는 땅의 모양이 일치하는지 체크
- 후보매장 주소지가 재개발 또는 지구단위 계획에는 포함되지 않는지 체크

ㅁ. 토지대장

- 인터넷 검색창에 정부24 입력 후 접속하여 토지대장 클릭한 후 후보매장
  주소 입력
- 토지 소유주가 등기부등본 상에 소유주와 동일한지 확인
- 공시지가가 비정상적으로 변동된 적은 없는지 확인

당신의 **창업**인생은 이 책을 읽기 **전**과 읽은 **후**로 나뉜다

---

(5)

후보매장 선정 뒤
매장 인허가 사항 확인방법

몇 곳의 후보매장 선정 후 왜 인허가 확인이 우선적으로 필요할까?

편의점과 외식업 등 모든 업종의 창업을 시작하기 전에 해당 업종의 인허가 사항을 반드시 사전에 체크해야 한다. 매장 인허가 사항을 제대로 확인하지 않고 매장계약을 했다가 수천만 원의 피해를 입는 경우도 종종 발생한다.

이런 사고를 미연에 방지하기 위해 챙겨야 할 각종 인허가 사항들을 알아보도록 하자.

1) 편의점 창업 시 인허가 필수 확인사항

편의점 창업 시 필요한 인허가 사항은 크게 3가지가 있다.

첫 번째는 담배소매인(판매), 두 번째는 휴게음식점, 세 번째는 종량제봉투 판매 지정으로 나눌 수 있다.

■ 담배소매인 지정 절차

주변에서 편의점 오픈한다고 하는 사람들의 이야기를 들어보면 '담배를 꼭 따야 되는데.', '담배권 취득 못하면 오픈 못하는데.'라는 말을 종종 들어 본 적이 있을 것이다.

편의점을 오픈할 때 담배 소매인이 왜 중요할까?

주택가 상권 기준으로 일매출 100만 원일 경우, 담배 매출액은 평균 35~40만 원으로 약 35~40%를 차지한다. 담배 한 갑의 마진은 7~10%로 수익적인 측면에서 크지 않기 때문에 꼭 필요하냐고 하는 사람들도 있지만, 담배 판매와 동시에 구매하는 주류 및 각종 푸드 매출까지 합하면 담배소매인은 편의점 오픈할 때 없어서는 안 될 필수 조건이다.

매장의 이익률 개선을 위해서는 담배매출 비중을 최대한 낮추고 일반 상품의 비중을 높여야 한다. 2015년 이전까지 매장 평균 담배 비중이 50%에 육박하였으나, 편의점 업체들의 적극적인 PB(자체상품) 개발 및 해외상품 소싱, 행사상품(1+1, 2+1) 강화, 박리다매로 인한 원가절감 등으로 현재의 35~40%까지 낮출 수 있었고, 지속적으로 낮아지고 있는 추세이다.

당신의 **창업**인생은 이 책을 읽기 **전**과 읽은 **후**로 나뉜다

일반적인 주택가 상권의 담배 및 매출구성비

조회일자	2019-10-04			
코드	중분류	수량	금액▼	구성비(%)
072	담배	135	604,600	35.2
049	맥주	53	175,220	10.2
073	전자담배	16	68,000	3.9
052	양주	2	59,500	3.4
057	위생용품	6	56,800	3.3
042	커피음료		53,600	3.1
044	탄산음료		53,000	3
021	일반아이스크림	26	45,400	2.6
050	소주	23	43,000	2.5
047	우유	24	38,450	2.2
040	기능건강음료	28	37,900	2.2
032	면류	34	36,370	2.1
023	육가공류	14	33,600	1.9
041	생수	21	25,650	1.4
039	과일야채음료	17	25,400	1.4
051	전통주	20	24,600	1.4
028	축수산식재료	8	23,950	1.3
019	초콜릿	3	22,700	1.3
022	마른안주류	4	20,800	1.2
033	상온즉석식	9	19,000	1.1

합계: 39.1%

이제 담배소매인 지정을 받기 위한 인허가 절차에 대해 알아보도록 하자.

담배소매인을 지정하는 기준은 지자체별로 다른 경우가 있기 때문에 반드시 해당 구청 또는 시청 담당자에게 확인을 해야 한다.

• 1단계

지자체 홈페이지를 통하여 기존 담배소매인 지정업소의 폐업이 접수되었는지 확인한다.

담배소매업 폐업에 따른 담배소매인 지정신청 공고

A 지역경제과	방윤희	☏ 02-450-7316		⊙ 2019-10-04	◉ 30

📎 담배소매인 폐업에 따른 공고문. hwp 📎   📎 [별지 제12호서식] 소매인지정신청서(제7... hwp 📎

담배소매업 폐업에 따른 담배소매인 지정신청 공고

담배소매업 폐업신고가 있어 「담배사업법」 제22조의2 규정에 따라 폐업 처리하고, 같은 법 시행규칙 제7조의2 규정에 의하여
다음과 같이 공고하오니 담배소매인 지정 신청자는 신청기간 내에 접수하시기 바랍니다.
2019. 10. 4.

1. 폐업사항: 붙임파일 참고

2. 공고 및 신청기간: 2019. 10. 4. ~ 2019. 10. 16. 18:00까지

3. 구비서류
  - 담배소매인 지정 신청서 1부(담배사업법 시행규칙 [별지 제12호 서식])
  ※ 붙임파일 다운로드
  - 사업자등록증 사본 1부
  - 점포의 사용에 관한 권리를 증명하는 서류 1부
  ※ 우선지정을 받으려는 경우(추가 제출서류)
     국가유공자증명서류, 장애인등록증 또는 그 가족을 증명하는 서류
     (서류접수 마감일까지 주민등록표상에 본인 및 그 가족이 등재되어 있어야 함)

4. 접수순위
  - 접수기간 중 신청은 접수순(선착순) 우선순위가 아닌, 동일 조건으로 접수 종료일 18시까지로 한함.
  ※ 접수시간 중 다수 신청여부 확인은 비공개이며, 익일(이튿날) 확인 가능함.
  - 공고 및 접수 마감 후 미 신청 장소에 대하여는 익일(이튿날)부터 접수 순서에 따라 우선 지정함.

공고문 파일

담배소매업 폐업에 따른 담배소매인 지정신청 공고

담배소매업 폐업신고가 있어 「담배사업법」 제22조의2 규정에 따라
폐업 처리하고, 같은 법 시행규칙 제7조의2 규정에 의하여 다음과 같이
공고하오니 담배소매인 지정 신청자는 접수기간 내에 접수하시기 바랍
니다.

2019. 10.

서울특별시 광진구청장

1. 폐업사항

상 호	영업소 주소
ㅇㅇ매	서울특별시 광진구

2. 신규 지정신청
  가. 공고 및 신청기간: 2019. 10. 4. ~ 2019. 10. 16. 18:00까지
  나. 대 상 자: 「담배사업법」 제16조제2항의 소매인 결격사유가 없는 자
  다. 지정기준: 「담배사업법」 제16조제4항의 소매인 지정기준에 적합한 곳
  라. 구비서류
    - 담배소매인 지정 신청서 1부(담배사업법 시행규칙 [별지 제12호 서식])
      ※ 첨부파일 다운로드
    - 사업자등록증 사본 1부
    - 점포의 사용에 관한 권리를 증명하는 서류 1부
      ※ 우선지정을 받으려는 경우(추가 제출서류)

해당 신청기간에 담배소매인 신청을 하면 되는데, 되도록 다른 업체가 접수하는지 확인 후 신청 마지막 날에 접수하는 것이 좋다.

• 2단계

해당 지역 세무서를 방문하여 사업자등록증을 발급한다.

업종: 소매 / 업태: 편의점

(필요 서류: 임대차계약서, 사업자 신분증)

사업자등록증

• 3단계

관할 지자체를 방문하여 담배소매인을 신청한다.

(필요 서류: 임대차계약서, 사업자 신분증, 사업자등록증)

• 4단계

담배 공고기간은 일반적으로 7~14일이고, 단독 신청일 경우 공고기간 마

당신의 창업인생은 이 책을 읽기 **전**과 읽은 **후**로 나뉜다

감 후 구청에서 현장 실사 나간다는 연락이 온다.

• 5단계

예정된 날에 구청 담당자 또는 담배조합 관계자의 현장 실사가 진행된다.

현장 실사가 나오기 전에 지자체에서 요구하는 조건

1. 외부에서 식별이 가능한 간판

2. 구매가 가능한 상품

3. 계산대, 냉장고, 상품 진열대 등의 영업시설

위 조건이 준비되어야만 현장 실사 진행이 가능하다. 현장 실사 시 영업준비사항 확인과 인근 담배 판매업소와의 거리를 측정한다.

2018년도까지 서울시는 담배소매인 간의 거리가 50m였으나 소상공인보호 및 편의점 출점 제한을 위해 서울시는 담배소매인 간의 거리를 100m로 조례를 변경하였다. 경기도권 및 기타 지역은 담배소매인 간의 거리를 50m로 유지하고 있다.

영업준비사항 및 인근 담배판매업소와의 거리가 이상 없을 경우 7일 이내 담배소매인이 지정되었다고 연락이 오고, 지차체를 방문하여 담배소매인지정서 발급을 받으면 된다.

담배소매인 거리 측정 기준

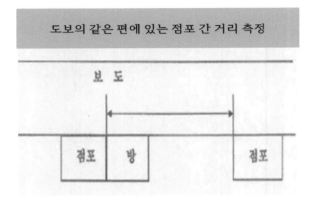

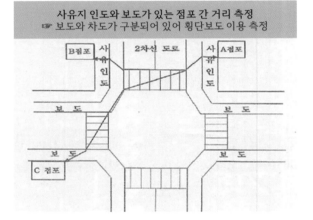

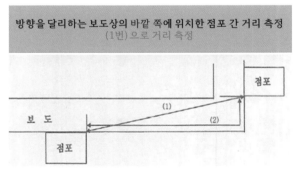

당신의 **창업인생**은 이 책을 읽기 **전**과 읽은 **후**로 나뉜다

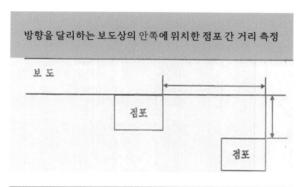

방향을 달리하는 보도상의 안쪽에 위치한 점포 간 거리 측정

보 도

점포

점포

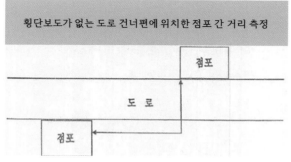

횡단보도가 없는 도로 건너편에 위치한 점포 간 거리 측정

점포

도 로

점포

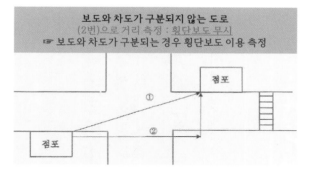

보도와 차도가 구분되지 않는 도로
(2번)으로 거리 측정 : 횡단보도 무시
☞ 보도와 차도가 구분되는 경우 횡단보도 이용 측정

점포

①

②

점포

■ 담배소매인 지정 관련한 깨알 정보

1. 담배소매인도 양도양수가 가능할까?

담배소매인은 양도양수가 불가능하다. 반드시 기존 판매업소 폐업 후 신규 신청해야 된다.

2. 일주일 공고 기간 내 신청자가 단독일 때는 현장 실사 후 거리 및 준비 사항 등이 충족되면 담배소매인 지정(현장 실사 후 7일 이내)을 받게 된다. 만약 거리상의 문제가 없는 다른 매장에서 공고 기간 내 신청을 한다면 신청업소는 두 곳이 되기 때문에 추첨을 하게 된다. 추첨방법은 지자체별로 다르지만 제비 뽑기, 가위바위보, 탁구공(O.X) 등의 방법으로 추첨한다. 다만, 복수의 사업자가 담배소매인지정 신청을 했을 경우 국가유공자, 장애인에게 우선 지정권이 있다.

3. 담배는 모든 업종에 허가권을 주는 것은 아니다. 청소년 출입이 잦은 PC방, 노래방, 당구장, 식당, 병원, 약국 등은 담배 신청 대상에서 제외된다.

당신의 **창업**인생은 이 책을 읽기 **전**과 읽은 **후**로 나뉜다

담배소매인 지정서

제 2018-3040190-05-6-00046 호

소 매 인 지 정 서

☑ 제7조의3제2항에 따른 경우
☐ 제7조의3제3항에 따른 경우

1. 성명 :

2. 생년월일(법인등록번호) :   1983년

3. 상호(법인명) :

4. 영업소 위치 :   서울특별시 광진구

　　「담배사업법」 제16조 및 같은 법 시행규칙 제7조제11항에
따라 위와 같이 소매인으로 지정합니다.

2018년 05월 09일

광   진   구   청

■ 휴게음식점 허가 절차

기존 편의점은 단순히 공산품을 파는 매장이었지만 최근에는 원두커피, 치킨, 핫도그, 오뎅 등 매장에서 직접 조리하는 즉석식품 판매 비중이 높아지고 있다. 조리식품을 판매하기 위해서는 편의점도 휴게음식점 허가가 필요하다.

휴게음식점을 신청하기 위해서는 조리시설 옆에 개수대 시설이 있어야 신청이 가능하다. 필요 서류 지참 후, 해당 시/군/구청 보건위생과를 방문하여 신청하면 된다.

(필요 서류: 보건증 및 건강진단서, 위생교육필증, 최소의 시설 관련 조리기구 면적 표기된 도면, 임대차계약서, 신분증)

■ 종량제 봉투 지정업소 허가 절차

종량제 봉투의 이익률은 9.5%(2019년도 소상공인 수익개선을 위해 7%→9.5%로 상향조정)로 일반상품 대비 높지 않지만, 종량제 봉투 구매와 동시에 타상품 구매가 이루어지기 때문에 특별한 사유가 있지 않는 한 판매하는 것이 좋다.

종량제 봉투 지정업소 신청을 위해서는 필요 서류를 지참하여 구청 청소과에 방문하여 신청한다. 허가 시 판매지정서를 수취한다. 판매지정서를 지정 납품 업체에 제출하고 종량제 봉투를 납품 받아 판매를 시작하면 된다.

(필요 서류: 사업자등록증, 임대차계약서, 신분증)

2) 외식업 창업 시 인허가 필수사항 확인 및 사업자등록발급 순서

외식업을 창업하기 위해서는 신고 또는 허가를 받아야 한다.

영업신고대상, 허가대상 구분

구분	업종
영업신고 업종	휴게음식점 일반음식점 위탁급식 제과점
영업허가 업종	단란주점 유흥주점

외식업 창업 유형 대부분은 일반음식점과 휴게음식점이다. 일반음식점은 음식을 조리, 판매하면서 음주행위가 허용된다. 휴게음식점은 음식을 조리, 판매를 하지만 음주행위가 허용되지 않는다.

외식업의 인허가 확인사항 및 사업자등록 발급절차과정에 대해 알아보자.

• 1단계

건축물대장을 확인해야 한다.

건축물대장에서 확인해야 할 사항은 사용할 점포에 위반건축물이 표기되어 있는지 사용할 용도가 근린생활시설로 표기되어 있는지 확인해야 한다.

위반건축물이 표기된 경우 해당 부분을 반드시 철거해야 영업허가를 승인받을 수 있다.

• 2단계

관할 구청(구청 위생과)에 일반음식점, 휴게음식점의 창업이 가능한지 확인해야 한다. 1층 용도가 근린생활시설(1, 2종)이 아닌 사무실 또는 다른 용도로 되어 있을 경우 용도변경을 해야 하는데 이로 인한 오랜 시간과 많은 비용이 발생하기 때문에 반드시 사전에 확인하고 준비해야 한다.

만약 용도변경을 진행할 경우 건물주 동의 후 건축법 기준에 적합한 선에서 변경이 가능하며 건축사를 통해서 대행이 가능하다.

> ※ 일반음식점(주류판매)은 2종 근린생활시설이어야 허가가 가능하고 휴게음식점(주류판매불가)은 1, 2종 근린생활시설 모두 허가 가능하다.

사전에 해당구청에 확인해야 할 사항은 크게 2가지이다.

■ **정화조 용량: 관할구청 환경과, 청소과**

일반음식점 허가를 받으려면 정화조 용량이 충분해야 한다.

아래에 있는 산정식에 업종별로 대입하여 계산하면 허가여부를 사전에 확인할 수 있다.

업 종	오염계수
소매점, 슈퍼마켓, 세탁소, 서점	0.075
이용원, 미용실	0.075
노래연습장	0.08
일반음식점	0.175

당신의 **창업**인생은 이 책을 읽기 **전**과 읽은 **후**로 나뉜다

커피전문점 및 패스트푸드점	0.175
단란주점, 유흥주점	0.23

예시) 정화조 용량이 140인용 / 연면적이 200㎡ / 2층 패스트푸드 입점 추진

정화조 용량 140인용 / 각 층 200㎡	정화조 인원
5층 유흥주점	46
4층 노래연습장	16
3층 커피전문점	35
2층 패스트푸드점	35
1층 소매점	15
합계	147

각 층별로 [연면적 × 각 업종별 표에 표기된 오염계수]를 계산한 후 합산하면 된다. 표를 보면 정화조 허용 용량이 140인용인데 계산한 합계는 147인용이다. 이럴 경우 2층에 패스트푸드 영업신고증을 발급받을 수 없다.

이와 같이 정화조 허가 용량보다 초과했을 경우 영업신고증을 발급받을 수 없기 때문에 관할 구청에 문의해서 해결방법을 찾아야 한다.

■ 소방필증

소방필증은 가스 및 주방설비 설치완료 후 허가승인을 받으면 된다. 사전에 소방허가 관련하여 업종별 세부기준을 구청에 확인해야 한다.

• 3단계

영업신고증을 받기 위해 위생교육 및 보건증을 발급받아야 한다.

■ **한국외식업 중앙회 신규영업자 위생교육 수료(유효기간 2년)**

- 한국외식업중앙회 주관하에 교육(6시간 교육 후 당일 발급하고 온라인
  수강가능)

- 한국음식업중앙회 www.foodservice.or.kr 일정 확인

■ **시, 군, 구청의 보건증 발급**

- 보건증은 각 시, 군, 구청의 보건소 발급

- 검사결과 문제 없을 시 5일 내로 보건증 수령가능

보건증은 매년 재발급받아야 하는 것을 유념해야 한다.

• 4단계

위생교육 및 보건증을 발급받은 후에 영업신고증을 신청해야 한다. 영업
신고증은 신규 창업, 양수도 창업에 따라 방법이 일부 다르다.

■ **신규 창업**

- 관할 구청 방문하여 신청한다.

  (지참 서류: 위생교육 수료증, 보건증, 임대차계약서, LPG 사용 시 가스 완
성검사증명서, 소방방화시설 완비 증명서 지참)

■ 양수도 창업

- 양도인이 구청 방문 가능할 경우 필요 서류: 보건증, 영업허가필증, 양도인 및 양수인 신분증, 수수료
- 양도인(기존세입자) 방문하지 못할 경우 필요 서류: 보건증, 위생교육필증, 수수료, 신분증 사본, 도장, 기존 영업신고증 원본, 기존세입자의 인감증명서 1통, 영업자 지위승계신고서, 양도양수계약서, 임대차계약서

양도양수계약서

양도양수계약서

가. 허가(신고)사항

1. 허가신고번호 : 제   호
2. 업   종 :
3. 업 소 명 :
4. 소 재 지 :
5. 업 주 명 :

나. 상기 허가신고사항에 대한 영업허가지위 및 시설물 일체를 경히 양도양수 하기로 계약함.

년   월   일

양도인   주   소 :
          성   명 :   ㊞
          생 년 월 일 :

양수인   주   소 :
          성   명 :   ㊞
          생 년 월 일 :

영업자 지위승계 신고서

- **5단계**

영업신고증이 발급되면 관할 세무서에 방문하여 사업자등록증을 발급받아야 한다.

- 필요 서류: 영업신고증, 임대차계약서, 신분증

- 특이사항이 없으면 일반음식점은 바로 취득이 가능하다.

- 사업자등록증이 발급되면, 영업은 즉시 가능하다.

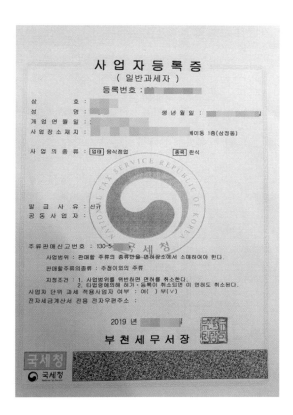

• 6단계

사업자등록이 발급되면 매장운영을 위한 제반 업무를 진행해야 한다.

■ **사업자통장개설**

- 인근 주거래 은행에서 사업자 통장 개설을 신청한다.

- 필요 서류: 사업자등록증, 임대차계약서, 신분증

- 통장개설 시 사업자카드, 주류구매카드, 체크카드 함께 발급받는다.

■ 신용카드가맹점 신청 및 POS단말기 설치

- POS를 사용하면 POS대행업체 신고 가능하나 POS 사용하지 않을 경우 직접 각 카드사에 신청해야 한다.
- 필요 서류: 사업자등록증, 통장사본, 영업신고증
- 영업개시 최소 10일 전에 8개 신용카드사에 가맹점 신청(BC, 국민, 신한, 외환, 현대, 삼성, 롯데, 우리)을 한다.
- 신용카드 가맹점 신청 완료 후 POS업체에서 POS 및 카드단말기를 설치한다.
- 배달업을 계획하는 업종은 이동단말기도 구비해야 한다.

3) 비식품(액세서리, 의류, 잡화 등) 업종 창업 시 인허가 필요사항

비식품 업종의 경우, 외식업이나 편의점과는 다르게 복잡한 절차는 없다. 적합한 매장을 선정한 후, 앞서 언급한 사업자등록과 사업자통장개설, 신용카드가맹점 신청 및 POS단말기 설치 등을 진행한 후 개점할 수 있다.

당신의 **창업**인생은 이 책을 읽기 **전**과 읽은 **후**로 나뉜다

6

후보매장 예상매출
산출하는 방법

후보매장 인허가 필수사항 체크 후 진행에 이상 없을 경우, 이 매장이 장사가 잘 될지 잘 안 될지 어떻게 알 수 있을까?

전문가에게 의지하는 것도 중요하지만 창업을 하려는 본인이 직접 본 매장이 똥인지 된장인지 정도는 구분을 할 줄 알아야 한다. 지금부터는 초보 창업자도 어렵지 않게 예상매출을 산출할 수 있는 방법을 설명해 보겠다.

1) 동네 지도 하나로 예상해 보는 편의점 매출

편의점의 상권범위는 10년 전 반경 300m 이상이었다면, 최근에는 반경 100m 정도까지 줄어들었다. 브랜드 간 경쟁출점에 따른 출혈경쟁으로 지하철역에서 집까지 5분 걸어가는 길에도 4~5개가 보이기도 한다.

"계속 이런 식인데 편의점을 창업해도 될까?"라고 하는 사람들이 있다. 정말 불안한데 편의점을 하고 싶다면 직접 예상되는 매출을 분석해 보도록 하자.

• 주택가 상권

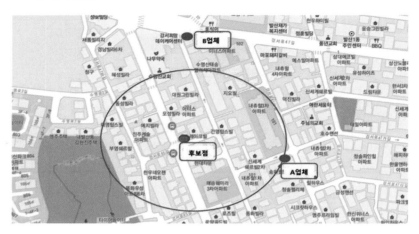

- **1단계** 후보점이 정해지면 지도를 활용하여 반경 150m를 설정한다.
- **2단계** 이제 직접 발품을 팔 시간으로 세팅해 둔 지도를 A3용지로 출력하여 현장으로 나간다. 지도에 동일업종 경쟁점 유무를 파악한다.

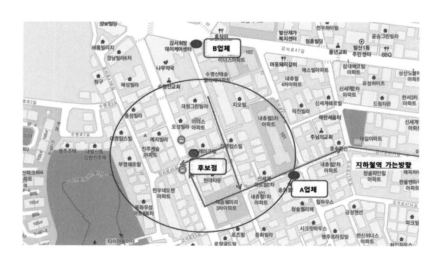

당신의 **창업**인생은 이 책을 읽기 **전**과 읽은 **후**로 나뉜다

- **3단계** 주변 거주자들이 다니는 주요 동선을 화살표 방향으로 표시한다. 대부분 대중교통수단이 있는 곳으로 흐른다고 보면 된다.

   동선을 표시하는 이유는 후보점과 거리상으로는 가깝더라도, 동선이 후보점보다 경쟁점 앞으로 형성되어 있다면 나의 고객으로 흡수하기에는 무리가 따를 수 있기 때문이다.

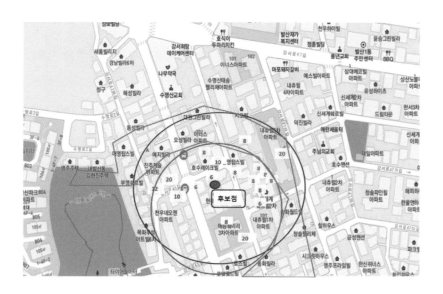

- **4단계** 후보점을 기준으로 지도 내 세대수가 어느 정도인지를 직접 카운팅한다. 세대 수를 아는 방법은 간단하다. 모든 빌라 및 단독주택에는 들어가는 입구에 우체통이 있기 마련이다. 그 우체통의 수를 세어 보면 된다.
- **5단계** 직접 수를 세어본 후 등급을 나눠 보면 된다. 무조건 올 수밖에 없는 가구라면 A등급, 애매하면 B등급, 올 가능성이 희박하다고 생각되면 C등급으로 나누면 된다.

빌라의 세대당 단가 2,000원으로 했을 경우

A등급: 400세대 × 2,000원 = 800,000원

B등급: 350세대 × (2,000원/2) = 350,000원

C등급: 200세대 × (2,000원/4) = 100,000원

⇒ A + B + C = 예상 일매출 1,250,000원

단, 주거 유형(아파트, 빌라, 오피스텔, 원룸)에 따라 세대당 단가는 수시로 변하기 때문에 본사 개발 담당자와 상담 후 그때그때 그러한 부분은 질문하면 된다. 당연히 본사에서 상권분석을 철저히 하겠지만, 나만의 안전장치를 만들어 더욱 확실하게 창업을 준비한다면 그만큼 리스크를 줄일 수 있기 때문에 적극적으로 해당 방법을 권유하고 싶다.

2) 음식점 예상매출! 내가 할 매장과 쌍둥이 매장을 찾으면 답이 보인다

외식업 예상매출도 편의점 상권조사처럼 빌라 몇 세대, 오피스텔 몇 세대 등 배후 잠재 고객과 유동인구 동선 등의 자료를 바탕으로 하면 어느 정도 예상매출을 추정할 수 있다. 하지만 분식, 한식, 중식 등 업종도 다양하고 고객마다 맛에 대한 선호도 편차가 심하며 최근에는 배달이라는 판매 방식을 추가하는 경우가 많기 때문에 단순히 배후 세대와 이동 동선만으로는 예상매출을 추정하기 어렵다.

음식점 매출을 추정하기 위해서는 타 지역의 동일상권, 동일브랜드 매장을 조사해 보는 것이 중요하다. 유사매장의 회전율 및 만석률 대입 방법 등

의 추정 방법이 있으나, 처음 창업을 접하는 사람들에게는 직접 눈으로 고객 수를 카운팅하면서 여러 가지 특성을 파악해 보는 것이 큰 도움이 된다. 가장 단순하지만 어떻게 보면 가장 정확도가 높은 예상매출 추정 방법을 소개하겠다.

• 1단계
창업하려는 업종을 정했다면 타 지역 동일상권에 있는 동일업종 매장을 찾아라!

예시) N부대찌개집을 뚝섬에서 하려 한다 → 뚝섬에 있는 후보매장이 어떤 상권인지 확인 → 만약 오피스 상권이라면 타 지역 동일상권에 동일브랜드 매장을 찾는다.

• 2단계
선정된 매장을 찾아가서 점심시간대와 저녁시간대에 고객 수를 체크한다.

예시) 매장 총 좌석수: 48개 / 매장면적: 25평 기준

객단가(고객 1명당 판매단가): 점심 7,500원, 저녁 11,000원(일반음식점 평균단가)

```
[평일]
   점심: 입점고객수 80명 × 7,500 = 600,000원
 + 저녁: 입점고객수 50명 × 11,000 = 550,000원
 =  일평균 매출 1,150,000원
```

```
[주말]
   점심: 입점고객수 40명 × 7,500 = 300,000원
 + 저녁: 입점고객수 20명 × 11,000 = 220,000원
 = 일평균 매출 520,000원
```

```
 ⇒ 평일 22일 × 1,150,000 = 25,300,000원
  + 주말 4일(휴일 4일 제외) 4일 × 520,000 = 2,080,000원
 = 예상 월매출 27,380,000원
```

· 3단계

후보점을 기준으로 반경 300m 내 또는 하나의 상권이라고 판단되는 범위를 설정하여 동일업종 운영 매장 수를 카운팅한다.

만약, 부대찌개집을 희망한다고 하면 부대찌개를 판매하는 매장을 카운팅해 보면 되는 것이다. 동일업종 운영매장이 1개일 경우 5%, 2개일 경우 10%, 3개 이상일 경우 15%를 예상 월매출에서 차감하면 예상 월매출이 산출된다.

3단계까지의 과정을 쉽게 이해할 수 있도록 표로 정리해 보았다.

음식점 예상매출 산출표

구분	후보점		
평일점심	입점 고객수	평균단가	매출액
	80	7,500	600,000
평일저녁	입점 고객수	평균단가	매출액
	50	11,000	550,000
평일 일매출 합계			1,150,000
A : 평일 월매출 합계(22일 운영적용)			25,300,000
주말점심	입점 고객수	평균단가	매출액
	40	7,500	300,000
주말저녁	입점 고객수	평균단가	매출액
	20	11,000	220,000
주말 일매출 합계			520,000
B: 주말 월매출 합계(4일 운영적용)			2,080,000
A + B: 예상 월매출			27,380,000
상권 내 경쟁점 파악	1개: 5%, 2개: 10%, 3개 이상: 15% 차감		만약 1개 있을 경우 =26,011,000

• 4단계

자신이 추정한 예상매출을 본사담당자에게 알려 주고 실제 매출과 예상한 매출의 편차가 어느 정도 나는지 확인하고, 편차가 클 경우 원인이 무엇인지 파악해 보는 것이 중요하다. 그러한 결과를 토대로 여러 매장을 반복적으로 분석하다 보면, 외식업 고객의 특성 파악 및 매장 운영 노하우도 자연스레 습득이 될 것이다.

평균단가나 경쟁점으로 인한 차감 기준은 각 업체마다 상이하기 때문에 조사 전에 해당 부분에 대한 최근 분석수치 등을 업체 담당자에게 문의해야 한다. 그리고 상권이나 매장 여건도 중요하겠지만, 운영을 어떻게 하느냐가 가장 중요한 부분이라는 점을 잊어서는 안 된다.

3) 투잡으로 각광받고 있는 코인세탁! 가장 중요한 포인트는 1인 가구 세대수!

최근 1인 가구수 증가에 따라 관심을 끄는 업종이 코인세탁이다. 24시간 무인으로 운영이 가능하기 때문에 자신의 본업은 유지하면서, 부업으로 추가 수익을 창출하려는 사람들의 관심을 얻고 있다. 인건비 발생 없이 일주일에 1~2회 가서 기본적인 관리만 해 주면 되기 때문에 매출만 잘 나오면 이만한 투자가 없는 것도 사실이다.

그러나 무턱대고 '사람 많이 사는구나.' '사람 많이 지나다니는구나.' 정도의 상권조사만으로 오픈했다가는 큰 손실을 입을 수밖에 없다. 디테일한 정도까지는 아니더라도 꼭 확인해야 할 체크포인트를 단계별로 설명하겠다.

• 1단계

자신이 창업을 희망하는 후보점의 위치를 상담을 받은 프랜차이즈 업체 담당자에게 알려 주고, 만약 해당 위치에 창업할 경우 영업권(동일 브랜드 입점 방어할 수 있는 범위)을 어디까지 줄 것인지를 확인한다. 프랜차이즈가 아닌 개인적으로 기계를 매입하여 오픈하는 경우는 상관없다.

• 2단계

2단계부터는 앞서 설명한 편의점 예상매출 산출하는 방식과 동일하다. 영업권의 범위만큼을 지도상에 표기하여 출력한다.

• 3단계

코인세탁의 경우 충성고객 비중이 가장 높은 가구가 1인 가구이다. 당연히 다인 가구에서도 이용을 하겠지만 보수적으로 1인 가구에서만 이용할 것이라고 가정하고, 잠재고객을 설정하는 것을 권장하고 싶다. 1인 가구를 기준으로만 영업권 범위 내 세대수가 몇 가구인지를 직접 다니면서 카운팅하여 지도상에 표기한다.

• 4단계

개인브랜드 or 프랜차이즈인지, 인근 동종업종 경쟁강도가 어느 정도인지, 장비 구성(세탁기 및 건조기의 수) 등의 여러 여건에 따라서도 다르다. 정확하지는 않겠지만, 순수 흡수할 수 있는 1인 가구의 세대당 단가를 업계에서 통용되는 1,500~3,000원 정도로 정한다.

만약 영업권 범위 내 1인 가구 세대수가 1,000세대일 경우,

> 1,000세대 × 3,500원 적용 시 = 3,500,000원
> 1,000세대 × 4,500원 적용 시 = 4,500,000원
> ⇒ 예상 월매출 350~450만 원

여러 업체의 상담을 받고 해당 업체에서 운영 중인 매장들의 영업권 범위 내 1인 가구 세대당 단가가 얼마인지 확인 후 직접 몇 개의 매장을 돌아다니

며 세대 수를 카운팅하여 단가를 적용한 후 역으로 매출 확인을 해 보며 예상 매출에 대한 감을 키우는 작업은 반드시 필요하다.

당신의 **창업**인생은 이 책을 읽기 **전**과 읽은 **후**로 나뉜다

☆☆☆☆☆

Chapter 3

배달은 피할 수 없는 숙명, 이 정도는 알고 하자

1

배달앱의 극강 배달의 민족!
구조만큼은 마스터하자!

배민 서비스 구조에는 배달 2종류와 테이크아웃을 일컫는 배민오더가 있다. 배달 2종류를 먼저 알아보자.

1) 일반 입점(오픈리스트 and 울트라콜)

배달앱을 통하여 주문이 접수되면, 점주가 배달대행업체를 통하거나 직접 고객에게 배달하는 구조이다. 배달대행업체는 점주가 직접 업체를 선정하여 월회비를 납부하고, 접수 1건당 거리에 따른 배달비를 지불한다.

주문을 받는 방법은 2가지가 있다.

① 오픈리스트

원하는 카테고리로 들어가면 오픈리스트 광고와 울트라콜 광고가 뜬다.

최상단에 3개 업체가 수시로 바뀌면서 떠 있는데 고객이 3개 업체 중 한 곳

을 클릭하여 주문을 하게 되면 오픈리스트 광고수수료가 발생하여 점주가 부담하게 된다. 고객과 매장 사이의 거리가 가까울수록 더 자주 노출되고, 거리가 멀수록 덜 노출된다. 반경은 최대 3km이다.

　오픈리스트는 주문 1건당 6.8%의 기본수수료가 있고, 3%의 외부결제 수수료가 발생된다.

　ex) 고객이 **3만 원을 주문**을 했다고 가정했을 경우

　　- 기본수수료 6.8%: 2,040원

　　- 결제수수료 3%: 900원

　　- 배민이용수수료에 대한 부가가치세: (2,040원+900원) × 부가세 10%

　　　= 294원

▶ 최종 입금액: 30,000원 - 2,040원 - 900원 - 294원

= **26,766원 (배달대행료 제외)**

② 울트라콜 서비스

■ **울트라콜은 깃발 한 개당 월 80,000원(vat별도)이 발생한다.**

가장 흔히 사용하는 서비스이다. 만약 2개의 깃발을 꽂았다면, 월 176,000원(vat포함)의 비용을 지불하면 된다. 만약 매장의 배달 단가가 15,000원일 경우를 가정해 보자. 기존 제품 원재료 + 포장용기, 배달비용 매장에서 일정 부분 부담 등을 반영하여 약 50% 마진이라고 한다면 깃발 하나당 月 12건 이상의 주문이 들어와야 손익분기점을 넘길 수 있다.

그렇다면 여기서 말하는 깃발은 무엇일까?

배달서비스에 대해 잘 모르는 사람도 '깃발 꽂는다.'라는 말은 몇 번씩 들어 봤을 것이다. '깃발을 하나 꽂는다.'는 말은 쉽게 말해 '가상의 매장을 하나 만든다.'는 뜻으로 해석하면 된다. 깃발을 3개 꽂았다면, 3개의 가상 주소지가 배민앱에 등록되어 하나의 상호로 3개의 매장이 등록이 되어 있게 된다. 깃발을 많이 꽂을수록 그만큼 고객에게 노출될 가능성이 높아진다.

울트라콜의 장점은 매장의 입지가 좋지 않은 A에 위치해도, 깃발의 주소지를 입지가 좋은 B에 꽂게 되면, 거리순으로 상단에 노출이 되는 고객에게는 B의 위치에 있는 것으로 인식이 된다는 점이다. 쉽게 말해 월세가 100만 원인 곳에 매장이 있더라도 깃발의 위치를 월세 1000만 원인 곳에 꽂을 수 있어 좋은 입지에서 영업을 하는 것으로 고객에게 노출을 시킬 수 있다. (지도 참조)

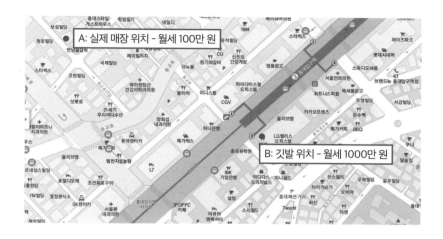

A: 실제 매장 위치 - 월세 100만 원

B: 깃발 위치 - 월세 1000만 원

깃발 설정 시 유의해야 할 점이 있다.

앞서 지도에 표기한 B의 위치에 깃발을 꽂더라도 무조건 좋다고는 볼 수 없다. 그만큼의 경쟁강도가 높아질 수 밖에 없기 때문이다. 다른 매장의 점주들도 좋은 위치에 깃발을 꽂고 싶어 할 것이고, 그렇게 되면 B위치 주변으로 무수히 많은 깃발이 꽂히게 될 것이기 때문이다.

ㄱ. 깃발을 꽂기 전에 무조건 좋은 위치에 꽂을 것이 아니라, 여러 위치를 찍어보고 **동일카테고리 내 매장이 얼마나 있는지 확인하여 경쟁강도가 어느 정도인지** 확인해 볼 필요가 있다. 상단에 있는 여러 매장들의 리뷰평점, 브랜드파워 등을 확인하여 리뷰평점이 좋거나, 브랜드파워가 있는 매장들이 되도록 적은 곳에 꽂아야 리스크를 줄일 수 있다.

1. 깃발 꽂으려는 위치 주소 입력 후
동일카테고리 클릭

2. 동일카테고리에서
울트라콜 확인

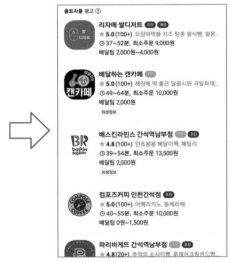

3. 업체 평점 및 브랜드파워 등 확인

당신의 **창업인생**은 이 책을 읽기 **전**과 읽은 **후**로 나뉜다

ㄴ. 깃발을 꽂을 때에는 배민사장님 사이트에서 변경도 가능하지만, 위치를 사이트에서 직접 찍어 설정을 하면 내가 원하는 위치에 찍히지 않는 경우가 있기 때문에 반드시 **고객센터에 전화하여 주소를 직접 불러 주며 설정하는 것을 권장한다.** 다른 배달앱과 달리 배민 고객센터는 대기시간이 길지 않아 바로 설정 및 변경이 가능하다. 고객센터에서 변경이 된 후에는 배민사장님 사이트에서 반드시 주소가 정확하게 변경이 되었는지 재차 확인해야 한다.

■ **6대 광역시 기준 카테고리별 노출 반경 범위**
[치킨 1.5km / 분식, 한식, 중식 2km / 그 외 3km]

ㄷ. **깃발 설정 시에는 지도앱을 열어 자신이 원하는 위치를 찍어 보고, 반경표시를 할 수 있는데 처음에는 500m 정도의 반경을 표시해서 흡수할 수 있는 배후가 어느 정도인지 확인하고 설정할 것을 권장한다.** 그리고 추가로 깃발 설정을 할 때에는 원과 원 사이가 약 5~10% 정도 중복되도록 설정하여 원과 원 사이에 공백이 없도록 한다.

깃발위치설정 예시와 같이 원이 중복되도록 설정하고, 처음에는 500m 반경으로 보다 촘촘히 하되 점차 원의 반경을 600m, 700m로 크게 넓혀 나간다. 고객이 선택을 할 때에는 지역과 지역이 연결되기 때문에 겹쳐지도록 설정이 되야 해당 반경 내에서 주문을 하려는 고객에게 노출가능성이 크다.

깃발 위치설정예시

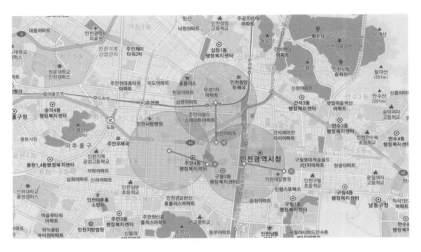

■ **여기서 잠깐! 배달대행업체 선정할 때, 이것만은 체크하자!!**

① 배달 기본거리가 얼마이고, 거리 추가될 경우 할증요금 등의 배달비 기준

ex) 2km까지 4,000원 + 100m당 100원 추가

② 주문 수에 따라 월회비 책정기준이 다르기 때문에 그 기준이 어떻게 되는지 확인

ex) 첫번째 달 5만 원, 두번째 달부터 600콜까지 20만 원

③ 업체 지사에 소속된 기사가 몇 명인지 확인

ex) 평상시에는 크게 차이가 없으나, 피크 시간대나 기상상황이 좋지 않을 때 소속된 기사가 많을수록 시간 지연빈도수가 적다.

④ 지역별로 있는 지사 관리자와 상담 필수이고, 관리자의 마인드가 어떤지 확인

ex) 피크 시간대에는 4~5개 매장 제품 묶어가는 거 어쩔 수 없는 부분인건 아시죠? VS 가급적이면 묶어가지 않도록 노력할게요. ⇒ 별 차이

가 없어 보여도, 관리자의 마인드 하나 차이가 이용하는 업주 입장에서는 시간이 가면 갈수록 큰 차이로 다가온다.

2) 배민라이더스

배민앱에서 주문부터 배달까지 배민에서 책임지는 구조이다.

• 장점

ㄱ. 최근 배달대행업체의 여러 갑질이 도마 위에 오르고 있는데, 배민라이더스는 주문부터 배달까지 책임지다 보니 배달에 대한 스트레스로부터 보다 자유로울 수 있다. 점주는 원하는 반경범위를 설정할 수 있고, 배달거리가 멀어도 강제배차를 통하여 배달을 할 수 있다. ㄴ. 배민라이더스 전용카테고리에 배치되기 때문에 경쟁강도가 일반 입점보다 약하다.

• 단점

ㄱ. 수수료가 적지 않은 만큼 배달비중이 높은 매장의 경우에는 수익성이 떨어질 수 있다. 또한 ㄴ. 배민라이더스를 이용하다가 오픈리스트로 변경할 경우, 기존에 힘들게 쌓아온 고객리뷰가 삭제된다는 점은 가장 큰 단점 중에 하나이고, 처음 배달을 시작하는 매장은 이 부분을 염두해 두어야 한다. ㄷ. 주문고객의 주소를 매장에서 알 수 없다. 만약 매장 바로 근처에서 주문이 접수된다면, 일반 입점일 경우, 점주가 직접 가져다 주면 배달비용을 세이브할 수 있다. 그러나 배민라이더스는 주소 공개가 되지 않기 때문에 이러한

비용절감의 기회는 사라진다고 볼 수 있다.

배민라이더스의 수수료 유형에는 A형과 B형이 있다.

A형은 주문 건당 11%+1,000원을 부담하는 경우이고

B형은 주문 건당 15%를 부담하는 경우이다.

금액별 배민라이더스 유형 비교

주문금액	20,000원		30,000원	
유형	배민라이더스 A형	배민라이더스 B형	배민라이더스 A형	배민라이더스 B형
배달수수료	3,200원 (11%+1,000원)	3,000원 (15%)	4,300원 (11%+1,000원)	4,500원 (15%)
외부결제수수료	無	無	無	無
배달비용	無	無	無	無

당신의 **창업인생**은 이 책을 읽기 **전**과 읽은 **후**로 나뉜다

배민수수료에 대한 부가세	320원	300원	430원	450원
입금액	16,480원	16,700원	25,270원	25,050원

이해가 쉽게 고객이 20,000원을 주문했을 경우와 30,000원을 주문했을 경우 시뮬레이션을 구성해 봤다. 여기서 볼 수 있는 가장 큰 특징은 20,000원을 주문했을 경우에는 B형의 입금액이 크고, 30,000원을 주문했을 경우에는 A형의 입금액이 크다는 점이다.

배민라이더스 유형을 정할 때 유의할 점은 매장 주문단가가 높을수록 A형이 유리하고, 주문단가가 낮을수록 B형이 유리하기 때문에 매장의 평균 주문단가를 잘 파악해야 한다.

3) 배민오더

배민오더는 3가지 주문 형태가 있다.

ㄱ. 음식을 미리 주문해서 픽업을 할 때 - 포장 주문
ㄴ. 매장에 도착하자마자 바로 음식을 먹을 경우 - 미리 주문
ㄷ. 매장에서 직원을 부르거나 카운터로 가지 않고, 앉아서 주문할 경우 - 테이블 주문

배달앱 등장 이전, 동네 유명 수제버거를 픽업하여 집에서 먹으려면, 버거

집으로 직접 전화해서 픽업 시간 정하고, 가지러 가서도 결제해야 하는 번거로움이 있었다. 하지만, 이제는 배달앱을 열어 픽업 시간 메모까지 하고, 앱 상에서 바로 결제까지 할 수 있다.

수수료는 2021년 6월까지는 한시적으로 면제이고, 바로결제 수수료 3%(VAT별도)만 부과된다.

코로나19로 인하여 비대면이 일상이 되면서, 배민오더 역시 불필요한 대면을 꺼리는 고객들의 특성에 부합한다고 생각한다. 꾸준히 수요가 늘어날 가능성이 크기 때문에 매장에서는 적극적으로 활용해 보는 것도 좋을 것이다.

배민오더 예시

4) 배민 주문 수 늘리기 꿀팁 3가지

① 1인분 카테고리에도 꼭 입점하라!

1인분 카테고리는 오픈리스트 광고 신청하여 승인이 되는 동시에 등록할 수 있는 권한이 생긴다. 카페 업종일 경우, 오픈리스트 광고 승인이 나면 카페/디저트 카테고리에 올릴 수 있고, 1인분 카테고리에도 올릴 수 있다. 수수료는 앞서 설명했던 오픈리스트 수수료 구조와 동일하다.

1인분 카테고리에 광고를 하기 위해서는 8,000~12,000원 사이의 1인분 메뉴가 반드시 있어야 한다.

1인분 카테고리를 강조하는 이유는 고객에게 노출가능성이 높기 때문이다.

예를 들어 카페/디저트 카테고리에 들어가 보면 수시로 바뀌는 상단 3개 업체 하단으로 울트라콜 서비스 이용 업체가 빼곡히 나열되어 있다. 하나의 매장에서 여러 개의 깃발을 설정해 놓기 때문에 그 수는 실제 매장수보다 훨씬 더 늘어나 있을 수밖에 없다.

하지만, 1인분 카테고리를 들어가 보면 생각보다 1인분 메뉴를 운영하는 매장이 많지 않고 반경 2km 내 매장만 노출되기 때문에 입점 시 상단에 노출될 가능성이 크다.

광고는 고객에게 노출되는 것이 가장 중요한데 2곳의 카테고리에 매장 광고가 될 수 있는 기회가 될 수 있고,, 최근 트렌드가 1인 가구 위주로 재편되고 있기 때문에 1인분 배달에 대한 관심도는 그만큼 커질 수 밖에 없다.

만약 배달을 하고 있는데, 1인분 카테고리에 입점하지 않았다면, 즉시 1인분 메뉴를 예시와 같이 구성하여 입점할 것을 권하고 싶다.

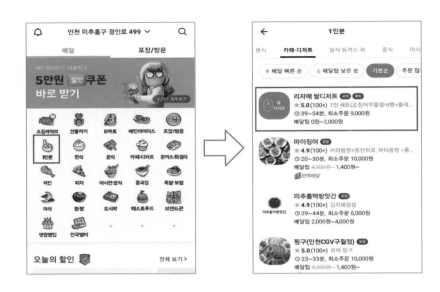

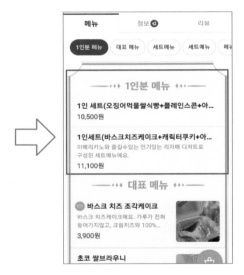

② 최소한 세 자리 수 리뷰가 달려 있어야 고객의 클릭이 시작된다

필자는 온라인 쇼핑이나 배달음식을 주문할 때 절대적으로 비중을 두고

당신의 **창업**인생은 이 책을 읽기 **전**과 읽은 **후**로 나뉜다

보는 부분이 바로 리뷰이다. 필자뿐만 아니라, 이 글을 읽는 대부분의 독자들 역시 동일한 의견일 것이다.

배달앱을 통해 음식을 주문한다고 가정해 보자.

리뷰가 10개 작성되어 있는 매장과 100개 작성되어 있는 매장 중 어디를 선택할까?

별점의 차이가 크지 않다면, 고객에게 신뢰감이 더 갈 수밖에 없는 매장은 아무래도 100개의 리뷰가 작성된 매장일 것이다.

처음 배달을 시작할 때에는 당연히 리뷰 누적 수가 없기 때문에 빠르게 주문 수를 늘리기 어렵다. 그렇기 때문에 여러 방법을 동원하여 최대한 빨리 세 자리 수, 즉 100개 이상의 리뷰가 작성될 수 있도록 노력해야 한다.

가장 대표적인 방법이 리뷰이벤트이다. 배달음식을 먹고 나서 굳이 귀찮게 리뷰를 작성해 주는 고객은 많지 않다. 그래서, 리뷰 작성을 하겠다고 하는 고객에게 서비스 증정 등을 통하여 리뷰 작성을 유도하는 방법이다. 많은 매장에서 사용하고 있는 방법이기는 하나, 리뷰 수를 빠르게 늘리기 위해서는 필수적으로 하는 것이 좋다.

세 자리 수를 강조하는 이유는 100개 이상의 리뷰가 작성되면 100개나 200개나 모두 카테고리 내 화면상에 100+로 표기가 되기 때문에 매장을 클릭하기 전까지는 차이가 없다. 그러나 100개 미만의 리뷰에는 10+, 20+, 30+ 등 10단위로 표기가 되기 때문에 이 매장들은 100+ 리뷰 작성된 매장 대비하여 고객의 선택을 받을 가능성이 그만큼 작아진다.

리뷰이벤트 예시

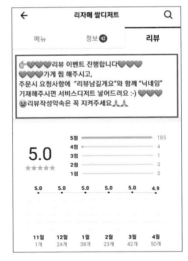

카테고리 내 리뷰 수 표기 예시

③ 깃발 설정을 한 후에는 주기적으로 깃발의 위치를 변경하는 것이 좋다

깃발 3개를 꽂아 운영 중인데 배달건수가 한동안 오르다가 점차 떨어지는 경우가 있다.

가장 큰 원인은 해당 깃발 위치 인근의 고객들은 상단에 노출이 된 브랜드들을 지속적으로 봤을 것이고, 관심을 갖는 고객들은 한 번씩 주문해 봤을 가능성이 크다.

쉽게 말해 '먹어 볼 사람들은 먹어 봤다.'라고 생각하면 된다. 먹어 보고 만족을 한 고객은 다시 재주문을 할 것이고, 이러한 고객들은 충성고객으로 분류된다. 충성고객은 군이 상단에 노출이 되지 않아도, 자신의 주문내역 또는 매장검색을 통하여 주문을 하는 고객이므로, 그 외에 신규고객의 주문건수가 현저히 떨어질 때에는 깃발의 위치를 변경하는 것이 좋다.

깃발 위치변경 예시

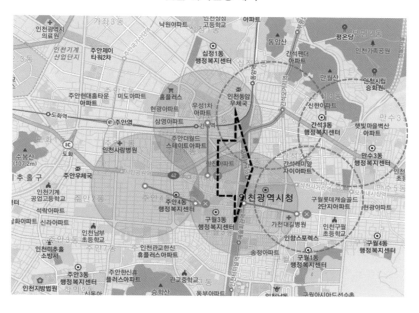

Chapter 3 배달은 피할 수 없는 숙명, 이 정도는 알고 하자

배달앱이
배민만 있는 것은 아니다

배달시장이 급성장하면서 배달앱 업체간의 경쟁도 더욱 치열해지고 있다. 여러 업체가 많지만, 너무 디테일하게 이것저것 다 챙기려다가 역효과가 날 수 있다. 개인적인 의견으로 배달 관련해서는 70%는 1위 업체인 배민에 집중하고, 30%는 2~3위 업체에 집중하는 것을 권장하고 싶다.

이 챕터에서는 '요기요'와 '쿠팡이츠'에 대해 살펴보도록 하겠다.

1) 요기요

요기요 역시 배민과 동일한 구조이다.

배달주문만 받고, 배달은 직접 또는 배달대행을 이용하는 요기요와 배민 라이더스처럼 주문부터 배달까지 모두 책임지는 요기요 익스프레스가 있다.

요기요와 요기요 익스프레스 모두 장단점은 배민과 배민라이더스와 유사하다.

배민 대비 요기요의 강점으로 꼽히는 부분은 바로 프로모션이다. 프로모션 이용을 선호하는 고객은 배민보다 프로모션을 많이 하는 요기요를 이용한다.

배민 대비 요기요의 약점은 바로 고객센터와 정산기간이다.

배민 고객센터는 빠른 연결이 되고, 직원 교육이 잘 되어 있어 설명도 잘 해 준다. 그리고 메뉴 관련 수정도 앱상에서 가능하다. 그러나 요기요 고객센터는 전화해도 연결이 잘 되지 않고, 메뉴 관련 수정도 고객센터를 통해서만 가능하고, 처리시간도 오래 걸린다.

정산도 배민의 경우 영업일 4일 후 입금되지만, 요기요는 매주 목요일~수요일까지의 결제금액을 5영업일 이후에 지급된다. 단순히 보면 배민과 하루 차이이지만, 실질적으로는 차이가 더 벌어진다. 아래 표를 보면 이해가 쉽다.

배민 정산일						
일	월	화	수	목	금	토
1	2	3	4	5	6	7
8	9	10	11	12	13	14
15	16	17	18	19	20	21
22	23	24	25	26	27	28
29	30	31				

요기요 정산일						
일	월	화	수	목	금	토
1	2	3	4	5	6	7
8	9	10	11	12	13	14
15	16	17	18	19	20	21
22	23	24	25	26	27	28
29	30	31				

5일 매출 발생이 되었을 때, 배민은 11일에 지급되나, 요기요는 18일에 지급된다. 매주 목요일~수요일까지가 한 세트라고 보면 되기 때문에 5일에 매출 발생이 되었어도, 5일~11일까지의 매출은 11일(수요일)의 5영업일 이후인 18일에 지급이 되는 것이다.

요기요는 주문 1건당 12.5%의 기본수수료 + 3% 외부결제 수수료가 발생한다.

배민 VS 요기요 수수료 비교표

주문금액	20,000원	
유형	배민 오픈리스트	요기요
배달수수료	1,360원(6.8%)	2,500원(12.5%)
외부결제 수수료	600원(3%)	600원(3%)
배달비용	별도 운영	별도 운영
배민수수료에 대한 부가세	"196원 (배달수수료+외부결제수수료의 10%)"	"310원 (배달수수료+외부결제수수료의 10%)"
입금액	17,844원	16,590원

※ 배민 대비 입금액 1,254원 적음

요기요 익스프레스는 12.5%의 기본수수료 + 2,900원의 배달비 + 3% 외부결제 수수료가 발생한다. 또한 단말기 대여 명목으로 월 5천 원(종이 별도 구매)의 추가 비용이 발생한다.

배민라이더스 VS 요기요 익스프레스 수수료 비교표

주문금액	20,000원		
유형	배민라이더스 A형	배민라이더스 B형	요기요 익스프레스
배달수수료	3,200원 (11%+1,000원)	3,000원 (15%)	2,500원 (12.5%)
외부결제 수수료	無	無	600원(3%)
배달비용	無	無	2,900원(고정)

당신의 **창업인생**은 이 책을 읽기 **전**과 읽은 **후**로 나뉜다

배민수수료에 대한 부가세	"320원 (배달수수료의 10%)"	"300원 (배달수수료의 10%)"	"600원 (배달수수료+외부결제 수수료+배달비의 10%)"
입금액	16,480원	16,700원	13,400원

※ 배민라이더스 A형 대비 입금액 3,080원 적음
※ 배민라이더스 B형 대비 입금액 3,300원 적음

2) 쿠팡이츠

최근 언론기사를 보면, 배달앱 시장에 후발주자로 뛰어든 쿠팡이츠는 단기간에 시장점유율을 약 10%까지 끌어올렸다.

후발주자로 뛰어든 만큼 차별화가 필요했고, 쿠팡이츠는 '한 번에 한 집만'이라는 배달 전략으로 신선한 바람을 일으켰다. 속도가 생명인 배달시장에서 빠른 배달 전략은 고객에게 높은 만족도로 이어지고 있다. 그리고 충성도 높은 고객을 많이 확보하고 있는 쿠팡 계열이라는 점 역시 장점으로 작용하고 있다.

쿠팡이츠는 배민, 요기요와는 다르게 주문부터 배달까지 모두 책임진다. 배민라이더스 형태로만 운영된다고 보면 된다.

쿠팡이츠의 가장 큰 장점은 앞서 설명한 것처럼 1건당 1명의 라이더를 배정하기 때문에 빠른 배송이 이루어지고, 고객은 보다 높은 품질의 음식을 맛볼 수 있어 만족도가 높아져 재주문 비중이 커질 수밖에 없다.

높은 고객 만족도와는 반대로, 쿠팡이츠를 운영하는 매장에서는 불만을 가지는 경우가 적지 않다.

이유는 '**수수료 깡패**'라는 말이 나올 정도로 매장에 과도한 수수료를 부과하고, '**요기요**'에서 언급했던 단점과 마찬가지로, 고객센터의 대응력이 현저히 떨어진다.

쿠팡이츠는 15%의 기본 수수료 + 3% 외부결제 수수료와 배달비 6천 원 中 매장에서 4천 원을 부담한다. 이해가 가지 않는 부분은 고객이 부담하는 2천 원에 대한 부가세의 9.1%도 매장에서 부담해야 한다. 다음의 표를 보면 이해가 쉽다.

배민라이더스 VS 쿠팡이츠 수수료 비교표

주문금액	20,000원		
유형	배민라이더스 A형	배민라이더스 B형	쿠팡이츠
배달수수료	3,200원 (11%+1,000원)	3,000원 (15%)	3,000원 (15%)
외부결제 수수료	無	無	600원(3%)
배달비용	無	無	"4,182원 (6천원 중 4천원 매장 부담 +2천원 고객 부담에 대한 부가세 9.1%)"
배민수수료에 대한 부가세	"320원 (배달수수료의 10%)"	"300원 (배달수수료의 10%)"	"778원 (배달수수료+외부결제 수수료+배달비의 10%)"
입금액	16,480원	16,700원	11,440원

※ 배민라이더스 A형 대비 입금액 5,040원 적음
※ 배민라이더스 B형 대비 입금액 5,260원 적음

쿠팡이츠는 점주들의 불만이 많기는 하지만, 최근 배달앱에서 차지하는 시장점유율이 대폭 오르면서 운영 안 하기도 애매한 상황이 되었다. 어차피 배민 깃발처럼 월 고정금액이 발생되는 것은 아니라, 주문 시 수수료 등의 비용 발생이 되는 것이기 때문에, 운영을 안 할 필요는 없다.

향후에도 배달앱의 거래금액은 커질 것이기 때문에 쿠팡이츠뿐만 아니라, 여러 배달앱 업체의 정책에 대해 꾸준히 관심을 가지면서 상황에 맞게 배달 운영을 해나가면 좋을 듯하다.

☆☆☆☆☆

Chapter 4

매장 오픈 후
관리

　매장을 오픈하면 처음에는 일의 순서도 꼬이고, 실수도 많이 할 것이다. '고객이 처음이니까 이해해 주겠지?'라고 생각하면 큰 오산이다. 선택지가 너무나도 많은 세상에 고객들이 재방문을 할 가능성은 극히 낮다.

　그러한 시행착오를 겪지 않기 위해 필요한 것이 매뉴얼이다. 매뉴얼을 만들어 놓으면 사장과 직원이 범할 수 있는 실수를 예방할 수 있는 효과가 있다. 고객과 직원이 만나는 모든 순간을 MOT(Moment Of Truth)라고 한다. 최초 고객이 들어올 때부터 계산하고 나갈 때까지 짧은 순간마다 고객이 만족할 수 있도록 매뉴얼화한 것이 MOT사이클이다.

　식당을 예로 들어 보겠다.

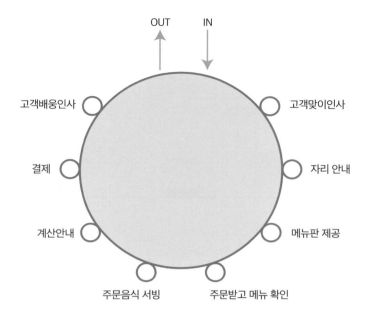

고객이 식당을 들어갈 때부터 나갈 때까지 고객과의 접점에 각각의 포인트를 나열하고 상기시켜 주는 것이다. 기본적인 부분만 나열한 것이고, 자신의 업종에 맞게 항목을 적용하면 된다. 사장부터 직원들까지 MOT사이클을 숙지함으로써 고객서비스에 대한 매장 구성원들의 통일감을 가져갈 수 있는 장점이 있다.

고객을 상대하는 업종이라면 반드시 해당 매장에 적합한 MOT사이클을 작성하여 모든 구성원들이 공유할 것을 권하고 싶다.

고객관리

이 책을 구독하는 대부분의 독자들은 규모가 크지 않은 소규모 자영업을 희망하고 있을 것으로 생각한다. 체계적인 시스템이 없기 때문에 고객관리에 대한 부분을 스스로 실행해 나가야 한다. 지금부터 운영 시 꼭 필요한 고객관리에 대해서 설명해 보겠다.

1) 한마디의 인사도 고민하고 하자!

편의점을 예로 들자. 담배를 자주 구매하러 오는 사람이 있다.

유형1) 고객이 들어오는 순간, 카운터에서 주문 받는 직원이 "안녕하세요?"라고 함

유형2) 고객이 들어오는 순간, 카운터에서 주문 받는 직원이 "어서 오세요?"라고 함

가장 하지 말아야 할 유형은 3번 유형으로 정해진 것 같다. 그렇다면 유형 1과 유형2 중 어떤 유형이 고객 입장에서 좋을까? 그건 바로 '자주'라는 말에 힌트가 있다. 편의점 매출의 약 35~40프로는 담배 매출이다. 하루에 매출이 100만 원이라면 그중 35~40만 원은 담배 매출일 정도로 비중이 크다. 만일 담배를 구매하려는 사람이 집에서 나오다가 담배가 떨어졌다면 자신의 동네에서 구매하지 굳이 다른 동네까지 가는 일은 드물 것이다.

편의점의 매출로 이루어지는 배후 반경이 크지 않기에 오는 사람이 반복해서 오는 경우가 대부분이다. 내가 담배를 구매하는 고객이라면 편의점에서 주문 받는 직원이 상냥하게 "안녕하세요."라고 인사하는 게 좋을까? 아니면 "어서 오세요."라고 하는 게 좋을까? 자주 이용하는 자신을 알아봐 주면서 "안녕하세요."라고 하면 무언가 인정받고 대우받는 느낌을 받기 때문에 "어서 오세요."라는 불특정 고객에게 하는 것보다 좋은 고객맞이라고 할 수 있다.

별거 아닌 것 같이 보여도 사소한 멘트 하나가 고객 입장에서는 크게 와닿고 감동받을 수 있는 요소라는 점을 필히 명심해야 한다.

2) 행사를 적극 어필하라!

고객이 들어오게 되면 대부분의 고객들은 무의식적으로 자신이 혜택을 받을 수 있는 것이 무엇이 있을까를 생각한다. 그러한 부분을 긁어 주는 것이 매장직원의 몫이다. 예를 들어 도시락 판매점일 경우 제육덮밥이 기존 5,000원에서 4,000원까지 할인해 주는 행사를 할 경우 고객에게는 큰 메리트가 된다.

그럴 경우 고객이 메뉴를 고를 때,

"고객님. 이번 주 제육덮밥이 20프로 할인 행사를 해서 5,000원짜리를 4,000원에 구매하실 수 있습니다. 메뉴 고르실 때 참고하세요!"라고 고지해 주면 고객 입장에서 큰 혜택이기에 해당 점포로 하여금 좋은 인상을 갖게 되고, 저렴하게 구입한 것에 대한 만족감 또한 갖게 될 것이다.

절대 '고객이 알아서 할인 행사하는 거 보겠지…….'라는 생각을 해서는 안된다. 생각보다 행사안내 홍보물을 인지하지 못하는 고객이 상당히 많다.

편의점의 경우에도 마찬가지로 고객이 컵 커피를 가지고 오면 "2+1 행사 상품인데 1개만 구매하시겠어요?"

샌드위치를 가져오면 "샌드위치 구매하시면 흰 우유를 500원에 드립니다."

등등 고객에게 '우리 매장에서는 많은 혜택이 이루어진다.'는 점을 적극적으로 알려 줄 필요가 있다.

3) 제휴카드 또는 멤버십카드를 적극 홍보하라!

가장 식상하면서도 막상 매장에서 잘 안 지켜지는 부분이다. 만약 프랜차이즈 브랜드를 운영하는 가맹점이라면 브랜드와 제휴된 카드 또는 멤버십카드가 있을 것이다. 본사에서도 제휴카드 및 멤버십카드에 대한 교육이 이루어지기에 가맹점의 경우가 개인 매장을 하는 경우보다는 나은 편이다.

그러나 개인매장을 한다고 해서 멤버십카드를 만들지 말라는 법은 없다. 최근에는 개인업체의 멤버십카드 자체 발급도 가능하기 때문에 적극 활용하면 좋을 듯하다.

통신사 제휴카드

다양한 업체 제휴 간편 적립서비스

브랜드 자체 적립카드

편의점 업체에 신규 입사하게 되면 1년간 직영점에서 점장 업무를 수행하게 된다. 그 기간에 했던 고객관리에 대한 실전 경험이 10년이 훌쩍 지난 현재까지도 큰 도움이 되곤 한다.

여의도에 있는 오피스 빌딩 1층에 위치한 매장에 직영점장을 발령받아 근무를 할 때였다. 오피스 빌딩의 특성상 오전 출근 시간대와 점심 시간대가 가장 바쁘다. 매번 방문하는 고객들은 정해져 있고, 적립카드 있냐고 질문하면 안 가져왔다고 하거나 됐다고 한다.

그냥 단순히 오는 일반고객에서 충성고객으로 만드는 과정이 여기 있었다. 그 이후로 필자만이 아닌 모든 근무자들까지도 적극적으로 제휴카드 사용권장을 하도록 교육하였다.

빌딩에 상주하는 직원들에게 적립카드를 하나씩 나눠 주며 뒷면에 이름만 쓰고 카운터 앞에 펼쳐놓은 적립 카드첩에 꽂아 놓도록 권유하였다. 그때그때 계산할 때 뽑아서 직원에게 주고, 계산이 끝나면 다시 자신의 이름이 적힌 곳에 꽂아 놓기만 하면 된다고 설명했다. 단, 지금은 회원가입하기가 귀찮으면 하지 않아도 되지만, 포인트가 어느 정도 쌓여 사용할 경우에는 반드시 회원가입을 해야 한다는 점을 함께 설명하였다.

처음에는 크게 관심이 없던 사람도 동료 직원이 적립포인트를 쓰는 모습을 보며 적립카드를 달라고 하는 경우가 많았다. 과연 이 부분이 얼마나 중요하기에 그토록 강조를 했을까?

ㄱ. 고객이 내가 여기서 구매를 함으로 인하여 대접받는 느낌을 받는다.

ㄴ. 결국 나중에 사용하는 포인트 사용도 매장 매출이 된다.

ㄷ. 다른 편의점 가려다가도 결국 우리 매장으로 오게 된다.

당신의 창업인생은 이 책을 읽기 **전**과 읽은 **후**로 나뉜다

특히 법인카드 등으로 대량 구매를 할 때 적립하기 위해 꼭 우리 매장을 찾는 경우가 많았다. 직접 비교는 힘들겠지만, 적립 카드첩을 만든 이후 전년 대비 객수는 비슷한 수준을 유지했으나, 객단가와 매출이 약 15% 이상 증가하였다.

직원관리

자영업하는 사람들이 가장 많이 말하는 부분이 "사람 때문에 못해먹겠다." 이다. 매장을 운영하다 보면 연락도 없이 무단결근을 하거나, 매장 내 현금과 상품을 교묘하게 빼돌리는 경우 등 고용한 직원들과 관련한 무수히 많은 부정적 사례들이 발생한다.

그렇다면 직원 관련 피해를 최소화하기 위한 방법은 무엇일까?

1) 아르바이트 인재풀을 최대한 많이 확보하라

잠깐 근무를 했거나 오래 근무를 했거나 일단은 직원관리 리스트를 만들어 만일의 사태를 대비해 두어야 한다. 하도 많은 아르바이트들이 거쳐 가면 누군지 기억이 가물가물할 때도 많기 때문이다. 그렇기 때문에 리스트를 만들어 활용하는 것이 가장 좋다.

근무자 관리리스트

이름	성별	나이	근무 요일	근무 기간	근무 시간대	근태	대체근무 가능 여부	대체 가능 시간
김민성	남	25세	월~금	19.02~19.05	09~15시	상	O	주말 오전
최재형	남	21세	토, 일	18.12~19.02	15~22시	하	군입대	-

이런 식으로 상세하게 기록해 두면 급하게 일손이 필요할 때 유용하게 쓰일 수 있다. 창업 후 몇 달간은 굳이 이러한 관리리스트가 없어도 어림잡아 생각이 나서 일손이 필요할 때마다 도움을 요청할 수 있지만, 점차 시간이 지나면서 기존에 일했던 아르바이트들의 이름이 헷갈리게 되고, 근태가 좋았던 친구인지 안 좋았던 친구인지도 기억이 나지 않게 된다. 그러한 부분을 방지하기 위해서 꼭 필요한 방법이라고 생각한다.

여기에 추가로 가능하다면 이름 옆에 사진과 근무할 당시의 특이사항 등도 함께 기입해 두면 더욱 도움이 될 것이다.

2) 아르바이트 한 명당 근무시간을 가급적 길게 잡지 마라

아르바이트를 구하는 것도 중요하지만, 어떤 식으로 로테이션을 설정할 것인가도 굉장히 중요한 부분이다.

시간	07	08	09	10	11	12	13	14	15	16	17	18	19	20	21	22	23	24	01	02
예시1	근무자1										근무자2									
예시2	근무자1				근무자2				근무자3				근무자4							

예시1과 예시2 둘 중 어떤 로테이션이 더 효율적이라고 할 수 있을까? 처음 창업하는 사람들은 "가뜩이나 처음에 정신도 없는데 근무자가 많으면 관리가 되지 않을 거야."라고 하며 예시1이 더 효율적인 로테이션이라고 생각할 수 있다.

그러나 그건 단지 인력 공백 없이 원활하게 로테이션이 돌아갔을 때의 상황이고, 만일 공백이 생긴다면 굉장히 난처해진다. 매장을 운영하다가 가장 위험하고 아찔한 순간이 갑작스런 일로 장시간 근무하는 인원이 근무를 나오지 못하는 경우이다.

갑작스럽게 장시간 근무할 수 있는 인원을 구하는 것은 결코 쉬운 일이 아니다. 그렇기 때문에 근무자 로테이션을 짤 때 최대한 쪼개서 근무인원을 구성하는 것이 중요하다. 예를 들어 10시간이 아닌 5시간을 근무하는 아르바이트 시간대가 공백이 생긴다면, 앞뒤 근무자들에게 조금씩 더 일하는 것으로 일단 양해를 구할 수 있다. 하지만 10시간의 공백은 앞뒤 근무자들에게 양해를 구하기에는 무리가 따른다.

예전에 외식업 개발담당을 할 때 치킨브랜드 프랜차이즈를 가맹점주를 가맹상담한 적이 있다. 부부가 치킨매장을 운영하면서 월 수익이 1천만 원 가까이 될 정도로 영업이 잘 되는 매장이었다.

"왜 군이 이렇게 잘 되는 매장을 그만두시고 다른 것을 알아보시나요?"라고 물었다.

돌아온 답변은,

"매출의 3분의 2가 배달에서 발생하는데 항상 오후부터 새벽까지 8시간 일하는 근무자가 말썽을 부려서 못하겠어요. 시급까지 다른 매장보다 더 주면서 신경을 써도 관리가 안 되네요. 결정적인 계기는 눈 오는 날 오후 근무자가 갑자기 빵구를 내는 바람에 우리 남편이 배달을 나갔고, 눈길에 미끄러져서 허리를 크게 다쳤어요."

그 일을 겪은 후로 돈이고 뭐고 근무자 없이 부부 둘이 할 수 있는걸 찾는다고 하면서 다른 업종을 찾게 된 것이다.

"공백발생이 많으면, 시간을 최대한 쪼개서 공백을 채울 수 있도록 최대한 근무시간을 쪼개서 설정해 보시고, 필히 근무자 관리리스트를 통하여 급할 경우 신속히 공백을 채울 수 있는 시스템을 만드는 것이 중요합니다."라고 설명해 주었다.

어차피 치킨매장을 정리할 때까지는 시간이 필요하니, 상담한 대로 매장 운영을 해 보라고 권하였고, 그 이후로 솔루션이 됐는지는 몰라도 연락이 오지 않았다.

다시 한 번 강조하는 것은 운영하는 운영자 입장에서는 근무자의 수가 적으면 관리하기에는 수월할 수 있지만 만일의 상황이 발생할 경우 대응하기 어려울 수 있으므로 번거롭더라도 최대한 쪼개서 로테이션을 구성하는 것이 좋다.

3) 매장에 없더라도 지속적으로 관리를 하고 있다는 인상을 주는 것이 중요하다

예를 들어 야간 운영하는 매장의 관리가 주간보다는 수월하지 않다. 특히 아르바이트로만 로테이션이 돌아가는 매장인 경우가 더욱 그렇다. 관리가 더 안 되다 보니 사건사고가 많은 시간대가 야간시간대이다. 매장을 운영하는 입장에서 야간까지도 타이트하게 관리하는 것은 쉽지 않기에 근무자가 어느 정도 긴장감을 갖고 일할 수 있게 해 주는 것이 중요하다.

가장 좋은 방법이 심리적인 방법이다. 야간 근무 상황 전체를 일일이 CCTV를 보며 관리를 하는 것은 현실적으로 힘들다. 하지만 야간시간대의 전반적인 상황을 보고 '내가 디테일하게 당신을 지켜보고 있다.'라고 하는 심리적인 압박감을 느끼게 하는 부분이 중요하다. 만일 야간 근무자에게 모자를 쓰고 근무하지 말라고 했는데 근무하는 중간 시간대에 모자를 쓰고 있다면 그 부분은 짚고 넘어가야 할 부분이다. 이럴 때에는,

"민성아, 근무할 때 고객들한테 위압감을 줄 수 있기 때문에 모자 쓰지 말라고 했는데 모자 쓰고 일하더라. 내일부터는 이 부분은 지켜 줘."라고 한다.

이렇게 말하면 근무자 입장에서 '아! 우리 사장님이 나를 계속 보고 있구나!'라고 하는 심리적인 압박이 생길 수밖에 없다.

오전에 출근해서 야간근무자와 대화를 할 때에는 "별일 없었지?"보다는 "오늘 새벽에 오는 상품 물류배송이 새벽 2시에 와야 되는데 왜 3시에 왔니?" 등의 세부내용을 물어봐야 한다.

구체적인 정황을 상세하게 물어봐야 근무자 입장에서는 보다 긴장을 하게되고, 근무자로 인해 발생할 수 있는 리스크를 최대한 줄일 수 있다는 점을 명심해야 한다.

3

매장관리

영업을 하는 데 있어서 가장 필요한 매장의 3요소는 SQC이다.

S는 Service(고객에 대한 서비스), Q는 Quality(판매하는 상품의 품질), C
는 Cleanliness(매장청결도)이다. 앞서 고객관리 부분에서 고객에 대한 서비
스 개념을 다루었기 때문에 이번 매장관리에서는 품질관리, 매장청결, 손익
에 대한 내용을 설명하겠다.

1) 상품 품질관리는 유통기한관리가 생명이다

식품을 판매하는 업종의 경우 가장 중요한 부분이 상품의 품질일 것이다.
식품을 제조할 때 들어가는 각각의 원재료를 상황에 맞게 잘 보관하는 것이
중요하다. 그중에서도 재고관리를 할 때 선입선출을 하는 습관을 가져야 한
다.

예시)

소시지 기존재고량					소시지 추가입고량		
8월 1일	8월 1일	8월 1일	8월 1일		8월 5일	8월 5일	8월 5일
소시지1	소시지2	소시지3	소시지4		소시지1	소시지2	소시지3

소시지 재고량						
8월 1일	8월 1일	8월 1일	8월 1일	8월 5일	8월 5일	8월 5일

　보기에는 간단해 보여도 이 부분이 상품 품질관리에서 가장 관리가 안 된다. 이유는 번거로운 일이기 때문에 어느 순간부터 대충 관리하기 때문이다. 위의 그림을 보면 8월 1일까지 소시지 재고가 있고, 추가로 소시지가 입고되었다.

　8월 1일 뒤에 8월 5일 재고를 놓으면 된다. 그러나 기존재고를 맨 앞으로 꺼내고, 다시 넣어야 하는 번거로움이 생기기 때문에 매장의 종업원뿐만 아니라 매장의 사장까지도 관리를 안 하는 경우가 많다.

　이러한 사항들이 음식점만 해당되는 사항이 아니다. 편의점의 경우도 의외로 선입선출이 제대로 되지 않아, 무더기로 폐기가 나오는 경우도 많고, 유통기한 경과상품으로 인한 고객클레임에 걸리는 경우도 많다.

　특히, 유통기한이 짧은 유제품이나 냉장식품보다 상대적으로 유통기한이 긴 과자나 봉지라면 등에서 많이 나온다. 이유는 유통기한이 4~5개월로 길어서이기도 하지만, 종업원들이 판매가 된 상품을 다시 채울 때 기존에 있던 재고를 뺀 후 뒤쪽으로 넣지 않고, 귀찮아서 판매하는 앞쪽에 상품을 앞에서 밀어 넣게 되는 것이 가장 큰 원인이다.

그런 식으로 상품이 계속 판매돼 회전이 되다 보면 결국 뒤쪽으로 밀린 유통기한이 짧아진 재고가 남게 되고, 그 상품이 대량 폐기로 나오게 되는 것이다.

잘된 예시

※ 라면진열대

	라면 8월 1일	라면 8월 2일	라면 8월 2일	라면 8월 5일	
진열대 앞쪽					진열대 뒤쪽

잘못된 예시

※ 라면진열대

	라면 8월 5일	라면 8월 1일	라면 8월 2일	라면 8월 2일	
진열대 앞쪽					진열대 뒤쪽

이 그림을 보면 이해가 쉽다.

8월 1일 유통기한 만료 상품이 가장 먼저 판매가 될 수 있도록 진열대 앞쪽으로 진열이 되어야 한다. 그러나 채워 넣을 때 귀찮아서 상품을 유통기한 순서대로 진열하는 것이 아닌 진열대 앞쪽에 8월 5일 상품을 진열한 것이다.

이러한 경우가 반복될 경우 시간이 지나면 결국 8월 1일이나 2일 상품이 유통기한 경과상품으로 발생하게 된다.

매장 운영을 하게 되면, 최소한 다음과 같이 근무자별 체크리스트와 재고관리표를 활용하는 것을 권장한다.

예시)

근무자별 주차별 체크리스트

일자	라면류	조미소스	과자류	안주류	냉동식품	냉장식품
8월 1주차	김민성	최재형	정우성	이정재	김연아	손흥민
확인유무	○	○	○	○	○	○
8월 2주차	최재형	정우성	이정재	김연아	손흥민	김민성
확인유무	○		○			

주차별로 근무자 로테이션으로 품목에 대해 지정을 하고 확인을 했으면 확인유무에 체크한다. 그리고 아래 재고관리표에 유통기한 만료 예정일에 해당상품이 있으면 수량을 표기하면 된다.

재고관리표

		유통기한 만료일					
		8월 1일	8월 2일	8월 3일	8월 4일	8월 5일	합계
라면류	얼큰라면	4		2		3	9
	튀김라면		1	2		1	4
	짜장라면						
	짬뽕라면	2		2			1
	순한라면				1		
	사골라면	2			2		4

일자별로 품목마다 남은 재고량 파악을 통한 유통기한 관리를 하면서 근무자 인수인계를 한다거나, 일일 마감을 할 때 해당사항들을 꼼꼼히 체크해 보면 된다.

한 가지 명심할 점은 근무자들에게 안 하던 걸 새롭게 시키면 안 해도 되는 걸 해야 하는 거 같아 싫어하지만, 채용할 때부터 시키면 '그런가 보다.' 하며 수긍하게 되는 것이 일반적이기 때문에 '우리 매장에서 일할 때 유통기한 관리 업무는 반드시 해야 한다.'라는 것을 최초 채용할 때부터 근무자들한테 각인시키는 것이 중요하다.

2) 먼지 하나 쌓이는 것도 철저하게 리스트로 관리해라!

외식업 매장 내외부 필수 체크리스트 예시

구분		항목	점검시간	월	화	수	목	금	토	일
10시	외부	간판점등 확인과 매장 외벽 청결도	10시							
		매장 주변(화단, 주차장 등)	10시/16시							
		외부전등 점검 및 이물질 제거	10시							
		화장실 세면대, 변기, 바닥, 휴지통	10시/15시							
		매장유리면 및 출입문	10시 30분							
	내부	냉난방 실내 적정온도	2시간마다							
		고객제공 메뉴판 점검	10시 30분							
		조명상태	10시 30분							
		매장 내부 부착물(홍보물, 메뉴판)	10시 30분							
		음악소리	10시/15시							
		정수기 상태	10시							
		카운터 주변 정리	10시 30분							
		근무자 유니폼 청결	10시/15시							
		테이블 및 의자 상태 체크								
		냉난방기 본체 청결도	10시							

매일 직원들과 주먹구구식으로 '간판 확인해 봐!', '화장실 청소 좀 해!' 등의 명령을 할 경우 직원들은 잔소리라고 느끼고 마음속으로 큰 거부감을 느낄 것이다. 그러나 위의 표와 같이 필수 체크리스트를 만들어 놓고, 특별히 지시하지 않더라도 정해진 시간에 알아서 체크할 수 있는 시스템을 만들어 놓으면 매장 청결도를 체계적으로 관리할 수 있다.

위의 예시를 참고로 하여 각각의 매장상황에 맞게 항목을 정하고, 직원별로 업무분장을 하여 자신의 업무는 매일 확인할 수 있도록 하면 된다.

3) 얼마를 팔면 얼마가 남는지에 대한 개념은 항상 머릿속에 있어야 한다

대부분의 사람들이 창업을 시작할 때 만만하게 생각하는 경우가 많다. 100명 중 95명은 사전 준비 없이 '대충 시작한다.'고 조사되고 있다. 나만의 매장을 갖고 싶다는 부푼 꿈을 안고 창업시장에 뛰어들어 오픈을 하지만 대다수는 준비 부족으로 대부분 짧은 시간 내 폐점하는 사례들을 자주 보게 된다.

'월매출이 1,000만 원이면 순이익은 어느 정도 수준일까?', '기본적으로 제공하는 반찬의 원가 수준을 어느 정도로 맞출까?' 등의 철저한 계획도 없이 오픈을 하여 관리 부실로 폐업하는 경우가 상당히 많다.

손익계산서가 처음 접할 때는 복잡하고, 난해하지만 각 항목의 의미를 이해하고, 지속적으로 관심을 가진다면 매장에서 발생되는 문제점에 대해 스스로 진단도 내리고, 해결책도 찾을 수 있다.

지금부터는 예비창업자에게 여러 업종의 손익구조에 대하여 알아보도록 하겠다.

• 편의점 손익구조

편의점의 손익구조는 외식업과 다르게 상품(물, 음료, 과자 등)의 원가가 정확히 책정되어 있고 외식업에서 이루어지는 추가적인 반찬 제공 등의 서비스 발생 비용, 광고선전비, 배달 대행비 등이 없고, 단순한 판매 기능으로 이루어지기 때문에 손익구조를 이해하기에 한층 수월하다.

편의점(브랜드편의점 기준)의 손익구조를 쉽게 이해할 수 있도록 나열하면 월매출에서 판매원가, 가맹수수료, 임대료, 인건비, 매장운영비를 제한 금액이 가맹점주의 이익이 된다. 브랜드편의점의 가맹수수료는 표준계약서상 가맹본부 수익분(평균 25~35%)이며 판매원가는 편의점 업체마다 차이는 있지만 평균 28~32%로 상품마진 구조를 가지고 있다.

외식업에서는 고정비, 변동비 등 전체매출 기준으로 비중을 수치화 관리하여 수익관리가 가능하지만, 편의점은 완제품을 판매하는 소매업이기 때문에 상품 원가관리를 할 수 없다. 그렇기 때문에 운영 시에 변동비보다는 고정비, 특히 임대료가 가장 중요한 요소이다.

편의점의 월매출에 따라 임대료의 적정조건이 다르겠지만 이상적인 임대료 구조는 일매출 100만 원일 때 100만 원, 일매출 150만 원일 때 150만 원, 일매출 200만 원일 때 200만 원 정도를 생각하면 된다(일매출=임대료 법칙). 그러나 최근의 추세를 보면 임대료는 지속적으로 오르고, 매장의 매출은 경쟁점 발생 등으로 줄어들면서 일매출=임대료 법칙을 맞추기에는 상당히 어려운 것이 사실이다.

항 목	2019년 06월(당월) 금 액	매출비	2019년 07월(전월) 금 액	매출비	2019년 누 계 금 액	매출비
1. 매 출 액 (VAT 제외)	47,864,09E	100%	45,153,38E	100%	347,905,83E	100%
과세 상품매출액	45,113,29E	94.25%	42,405,92E	93.92%	327,673,07E	94.18%
면세상품매출액	1,712,40E	3.58%	1,762,06E	3.9%	12,767,87E	3.67%
기타 매출액	1,038,39E	2.17%	985,37E	2.18%	7,464,88E	2.15%
2. 매 출 원 가	32,532,981	67.97%	30,557,464	67.67%	238,956,21E	68.66%
1) 상품매출원가	32,673,75C	68.26%	30,695,70E	67.98%	240,093,761	69.01%
기초상품	20,208,612		20,203,912		19,450,994	
당월매입액	33,643,33E		31,253,82E		245,741,85E	
매입액 계	53,851,94E		51,457,74C		265,192,85E	
상품폐기액	424,27E		565,66E		4,251,45E	
재고손실액	C		-12,441		93,71E	
기말상품 재고액	20,753,93C		20,208,612		20,753,93C	
2) 기타매출원가(수취장려금)	-140,76E	-.29%	-138,21E	-.31%	-1,137,54E	-.33%
3. 매 출 이 익 (1 - 2)	15,331,114	32.03%	14,595,90E	32.33%	108,948,63C	31.33%
4. 점포매출이익	10,731,78C	22.42%	10,217,131	22.63%	76,264,73E	21.92%
5. 본부장려금 등	309,19E	.65%	416,721	.92%	2,484,64E	.71%
1) 영업장려금			C	0%	C	0%
2) 집기운영장려금			C	0%	C	0%
3) 상품발주장려금		.03%	134,75E	.3%	370,117	.11%
상품발주장려금			1,37E	0%	6,62E	0%
상품발주장려금(본부)			C	0%	43,894	.01%
결품지원금		.03%	33,37E	.07%	119,40C	.03%
매출활성화장려금			100,00C	.22%	200,00C	.06%
4) 송수입 최저보장			C	0%	C	0%
5) 매출장려금			C	0%	C	0%
6) 장기운영장려금			C	0%	C	0%
7) 초기안정화지원금			C	0%	C	0%
8)상생지원금		.61%	281,96E	.62%	2,114,53E	.61%
신규점 폐기지원		.16%	90,42E	.2%	794,97E	.23%
전기료지원		.44%	191,54C	.42%	1,299,43E	.37%
간판세혁지원금			C	0%	20,00C	0%
POS갱일지발주지원금		.01%	C	0%	6,12C	0%
6. 총수입 (4 + 5)	11,040,93E	23.07%	10,633,85E	23.55%	78,749,38E	22.64%
7. 영업비	1,628,85E	3.4%	-1,608,33C	-3.56%	7,880,11E	2.27%
1) 수도광열비	650,00C	1.36%	600,00C	1.33%	4,800,00C	1.38%
2) 통신비	C	0%	C	0%	C	0%
3) 임차료	C	0%	C	0%	C	0%
4) 소모품비	34,54C	.07%	9,82C	.02%	190,02C	.05%
소모품비(내부)	C	0%	C	0%	81,10C	.02%
소모품비(발주)	34,54C	.07%	9,82C	.02%	108,92C	.03%
5) 상품폐기손실	424,27E	.89%	565,66E	1.25%	4,251,45E	1.22%
6) 재고과부족	C	0%	-12,441	-.03%	93,71E	0%
7) 제숙 서비스 수수료	C	0%	C	0%	7C	0%
8) 포인트 적립금	19,977	.04%	18,23E	.04%	130,86E	.04%
포인트적립금(CU멤버십)	19,977	.04%	18,23E	.04%	130,86E	.04%
9) 영 업 장 비	420,061	.88%	-2,869,80C	-6.36%	-2,247,04E	-.65%
영업장비(세무보수료)	60,00C	.13%	60,00C	.13%	480,00C	.14%
영업장비(세액공제)	C	0%	-3,404,19E	-7.54%	-5,772,57C	-1.66%
영업장비(분실제)	C	0%	101,79E	.23%	156,30C	.04%
영업장비(광 제수수료)	17,304	.04%	14,64C	.03%	117,277	.03%
영업장비(신용카드수수료)	329,02E	.67%	343,65E	.76%	2,600,08E	.75%
영업장비	19,72E	.04%	14,29E	.03%	171,86E	.05%
10) 수선비	60,00C	.17%	60,00C	.18%	660,00C	.19%
중장거유지관리비	80,00C	.17%	80,00C	.18%	640,00C	.18%
수선비	C	0%	C	0%	20,00C	.01%
11) 지급이자	C	0%	C	0%	1,03E	0%
12) 수입이자	C	0%	C	0%	C	0%
8. 영업이익 (6 - 7)	9,412,08E	19.66%	12,242,18E	27.11%	70,869,26E	20.37%

이 표는 A 편의점의 월 손익계산서이다.

복잡한 내용 다 빼고 간단히 설명하면 다음과 같다.

당신의 창업인생은 이 책을 읽기 **전**과 읽은 **후**로 나뉜다

◇ 매출액 4,786만 원

    (-) 매출원가 3,253만 원

    (=) 매출이익 1,533만 원

    (-) 본부 납부 로열티 460만 원(3번 매출이익과 4번 점포매출이익을 뺀 값)

    (=) 점포매출이익 1,073만 원 (매출이익의 30% 로열티 제한 값)

    (+) 본부에서 주는 각종 장려금 31만 원(매장마다 상이함)

    (=) 총수입 1,104만 원

    (-) 영업비 163만 원(임대료, 인건비 제외)

    (=) 영업이익 941만 원

    (-) 임대료 150만 원

    (-) 인건비 500만 원

    (=) 순이익 291만 원

편의점 손익계산서에 기재되지 않는 부분인 임대료 150만 원 + 인건비 500만 원 정도 발생했다고 하면 내 주머니로 들어가는 금액은 291만 원이라고 생각하면 된다.

편의점을 시작하기 전이라면 어떤 식으로 수익구조가 형성되는지 알아 두면 도움이 될 것이다.

• 외식업 손익구조

외식업 매출에서 각종 비용을 제한 후 발생하는 영업이익이 매출의 10% 이상이면 외식업의 가장 이상적인 수익구조라고 생각하면 된다. 외식업 창업을 하면 당연히 매출이 잘 나오는 것이 가장 중요하겠지만, 그에 못지 않게 중요한 부분이 비용관리이다. 매출이 발생하였을 때 효율적으로 비용관리하는 방법에 대해 설명하겠다.

매장에서 발생하는 비용은 크게 고정비와 변동비 두 가지로 나뉜다.

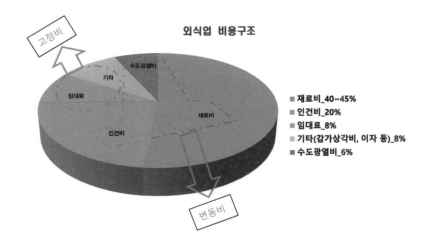

외식업 비용구조

- 재료비_40~45%
- 인건비_20%
- 임대료_8%
- 기타(감가상각비, 이자 등)_8%
- 수도광열비_6%

■ 고정비

고정비는 임대료, 감가상각비 등 매장운영 유무와 상관없이 고정적으로 발생되는 비용이다. 전체 매출의 20~30%로 관리하면 효율적이다. 고정비에는 임대료, 프랜차이즈 로열티, 금융비용(대출이자), 감가상각비가 있다. 그 중 가장 비중이 큰 임대료는 점포운영에 있어 가장 중요한 요소이다.

임대료의 경우, 매장 계약 때부터 정해져 매월 임대인에게 납부를 하는 비용이기 때문에 매장 선정 시 최대한 디테일하게 예상매출 산정을 하여 예상되는 매출 대비 최소 4%에서 최대 8%의 범주에 들어가는지 체크하고 계약하면 운영 시 리스크를 줄일 수 있다.

만약 예상되는 월매출이 3,000만 원이라고 한다면, 월 임대료는 최소 120만~최대 240만 원 범주에 들어야 적정 임대료라고 할 수 있다.

로열티는 프랜차이즈를 할 경우 본사에 납부하는 월회비 개념이라고 생각하면 쉽다. 매출의 3% 등의 정률제를 적용하는 브랜드도 있고, 월 30만 원, 월 40만 원 등의 일정한 금액을 지급하는 정액제를 적용하는 브랜드도 있다.

당신의 **창업**인생은 이 책을 읽기 **전**과 읽은 **후**로 나뉜다

감각상각비는 시설인테리어의 수명을 5년(60개월)으로 설정하고 매월 장부상으로 비용을 처리한다고 생각하면 쉽다. 예를 들어 시설인테리어 비용이 6천만 원이었다고 하면 이 금액을 60개월로 나누면 100만 원이 된다. 초기에 납부가 완료된 부분이지만, 실물이 있기 때문에 매월 100만 원씩 장부상 비용으로 표기하는 것이다.

60개월이 지나면 감가상각비는 0이 된다.

■ 변동비

변동비는 재료비, 인건비, 수도전기세, 광고선전비 등 매출에 따라 결정되는 비용을 말한다. 전체 매출의 60~70%로 관리하면 효율적이다. '재료비, 인건비는 외식업종마다 천차만별이므로 전체 매출의 50~60% 정도로 관리한다.' 등의 명확한 기준을 설정하여 운영하면 변동비 관리가 수월할 수 있다.

예를 들어 참치전문점 등의 고급기술을 필요로 하는 주방장 등을 채용해야 하는 업종일 경우 당연히 인건비율이 높아지게 된다. 인건비 비중이 높은 업종의 경우 메뉴의 단가도 높기 때문에 판매가 대비 원재료율을 최대한 낮추는 등의 방식으로 손익관리에 접근해야 한다. 단, 제공하는 메뉴의 품질이 떨어져서는 안 된다.

수도광열비는 수도세, 전기세, 연료비, 가스비 등을 일컫는다. 매출액의 3~6% 기준으로 관리하면 적정관리가 된다고 볼 수 있다. 냉난방기 가동률 등의 계절적 요인에 따른 변동은 있지만 1년 평균 6%를 넘지 않도록 관리해야 한다.

이렇듯 고정비와 변동비 등을 수치상으로 철저히 관리하다 보면 매장운영상의 문제점이 무엇인지 짚어 낼 줄 알고, 스스로 해결책을 제시할 수 있을 것이다. 자영업자들이 흔히 하는 말 중에 하나인 '매출은 좋은데 남는 게 없다.'라는 상황이 발생할 경우 고정비와 변동비 항목을 하나하나 찾아보고, 과도하게 발생하는 비용이 있다면 줄일 수 있는 것은 줄이면 된다.

다만 매장을 운영할 때, 매출증대보다 변동비 절감에 초점을 맞추어서 인건비, 원자재의 구성비를 낮춘다면 고객들에게 만족스러운 서비스 및 상품을 제공할 수 없게 되고 점차 매출이 하락하는 상황이 발생하게 될 것이다.

매장운영에서 변동비 관리는 큰 숙제이자 어려운 도전이지만 회전율이 높을 때와 낮을 때 적절히 인력을 배치하여 인건비를 줄이고, 재료비도 여러 동일업종과 공동구매 등을 통하여 줄여 나가는 노력을 끊임없이 해야 한다.

창업시장에는 업종, 업태가 다양하게 있지만 설명한 내용을 토대로 아래 첨부한 손익계산서에 맞춰 자신의 업종을 직접 대입 적용해 보면 정확한 손익관리를 하는 데 큰 도움이 될 것이다.

구 분	2019년 1월	2019년 2월	2019년 3월	2019년 4월	2019년 합계	비율
1. 매출	25,000,000	28,000,000	30,000,000	2,000,000	15,000,000	100.0%
제품 매출	25,000,000	28,000,000	30,000,000	32,000,000	115,000,000	
상품 매출	-	-	-	-	-	
2. 매출원가	10,000,000	11,200,000	12,000,000	12,800,000	46,000,000	40.0%
제품매출원가	10,000,000	11,200,000	12,000,000	12,800,000	46,000,000	
기타매출원가	-	-	-	-	-	0.0%
3. 매출총이익	15,000,000	16,800,000	18,000,000	19,200,000	69,000,000	60.0%
4. 비용합계	12,385,000	13,564,000	14,350,000	15,136,000	55,435,000	48.2%
급료와 임금	4,500,000	5,040,000	5,400,000	5,760,000	20,700,000	18.0%
퇴직급여	225,000	252,000	270,000	288,000	1,035,000	0.9%
복리후생비	225,000	252,000	270,000	288,000	1,035,000	0.9%

통신비	60,000	60,000	60,000	60,000	240,000	0.2%
수도광열비	1,000,000	1,120,000	1,200,000	1,280,000	4,600,000	4.0%
지급임차료	2,000,000	2,240,000	2,400,000	2,560,000	9,200,000	8.0%
보험료	125,000	140,000	150,000	160,000	575,000	0.5%
광고선전비	1,250,000	1,400,000	1,500,000	1,600,000	5,750,000	5.0%
소모품비	125,000	140,000	150,000	160,000	575,000	0.5%
지급수수료	250,000	280,000	300,000	320,000	1,150,000	1.0%
포장비	125,000	140,000	150,000	160,000	575,000	0.5%
감가상각비	2,500,000	2,500,000	2,500,000	2,500,000	10,000,000	8.7%
5. 영업이익	2,615,000	3,236,000	3,650,000	4,064,000	13,565,000	11.80%

(감가상각비: 인테리어투자비 1억 원 + 권리금 5천만 원

= 총 1.5억 원 발생비용 기준으로 60개월 분할하여 250만 원씩 반영)

• 비식품 판매업 손익구조

비식품 판매업종의 손익구조는 외식업종과 흡사하다. 다만, 손익분석표상에 외식업 매출액은 제품매출항목에 기입되고, 비식품 판매업은 상품매출항목에 매출액이 기입된다.

이 부분은 제품과 상품의 차이를 이해하면 빠르다. 제품은 일정한 과정을 통하여 제조 또는 생산을 한 것이고, 상품은 판매를 목적으로 도매업체 등에서 구입하여 판매하는 것이다.

외식업의 경우는 메뉴가 판매될 경우 제품 판매가 되는 것이고, 일반 소매 판매업종의 경우에는 제조된 상품을 그대로 판매하는 것이기 때문에 상품 판매가 되는 것이다. 그 외의 손익분석 시 기본구조는 같다.

■ 코인세탁업 손익구조

코인세탁의 손익구조는 단순하다. 발생한 매출에 기본적인 경비 처리요율 22~25%(업계 평균)를 적용한다. 그 금액에서 추가로 임대료와 장비, 인테리어 감가상각비를 차감하면 영업이익이 된다.

코인세탁 창업 시 가장 큰 비중을 차지하는 항목이 세탁장비(세탁기, 건조기)로 장비사양에 따라 다르지만 7천만 원~1억 원이다. 일반적으로 감가상각비는 5년(60개월)을 기준으로 하나, 세탁장비의 경우 장비 수명을 업계에서 보수적으로 잡아도 10년으로 본다. 감가상각기간을 5년으로 해도 상관은 없으나, 경우에 따라서 7~10년으로 적용해서 손익을 산출해 보는 것도 큰 무리는 아닐 듯하다. 당연히 내부 인테리어의 경우에는 5년으로 정한다.

◇ 월매출액 500만 원

　　(X) 경비처리요율 23% 적용 시

　　(=) 385만 원

　　(-) 임대료 120만 원

　　(-) 감가상각비 140만 원(장비 8천 4백만 원 7년 적용/ 시설 2천 4백만 원 5년 적용 시)

　　(=) <u>영업이익 125만 원</u>

■ 인형뽑기방 손익구조

인형뽑기방 역시 코인세탁과 유사하다. 감가상각비의 경우 손익상에 5년으로 설정하였으나, 유행을 타는 업종이므로 기간을 최소화한 2년~3년으로 설정하는 방법도 권장한다. 필자도 인형뽑기방을 경험해 보고 싶어 직장을 다니면서 창업을 한 적이 있다.

직장을 다니면서 매장을 관리하는 게 생각보다 쉽지 않았고, 유행을 타는 업종이다 보니 열심히 관리해도 최초 오픈 당시의 매출액이 유지되지 못하였다. 특히, 폐업을 결심한 결정적인 이유는 2가지였다. 첫째는 당연히 매출이 지속되지 못한 점이고, 둘째는 심야 시간대 취객들이 매장으로 들어와 취침을 하거나 대변, 소변을 보는 등의 일들이 반복적으로 벌어지며 매장관리 자체가 되지 않았던 점이다.

최저임금 인상 등의 이슈로 무인창업에 관심을 갖는 예비창업자들이 많다. 그러나 유인이 아닌 무인 운영 시에 오히려 생각하지도 못한 일들이 발생하는 경우가 많다. 그렇기 때문에 무인창업을 고려할 때에는 해당 업종에서 발생할 수 있는 변수들이 어떠한 것들이 있는지 업종별로 꼼꼼히 살펴보고 창업하는 것을 권장한다.

◇ 월매출액 400만 원(매장 면적 10평 기준)

　(X) 상품원가 40% 적용 시 이익률은 60%

　(=) 240만 원

　(-) 임대료 100만 원

　(-) 전기세 20만 원 (매장 면적 10평 기준 평균액)

　(-) 장비유지비용 30만 원 (장비 수리 관련 월비용 평균)

　(-) 감가상각비 30만 원 (장비 1천 2백만 원 5년 적용/ 시설 600만 원 5년 적용)

　(=) 영업이익 60만 원

※ 각 업종 손익구조의 영업이익에서 종합소득세, 4대보험 등의 비용이 추가로 발생된다는 점을 인지해야 한다.

☆☆☆☆☆

Chapter 5

임대차 관련 내용!
창업 전에
제발 이것만은
알아 두자!

상가임대차보호법이
뭘까?

임대인과 임차인이 임대차계약을 할 때, 임차인을 보호하기 위해 만든 법이다.

2
복잡한 내용 다 빼고, 꼭 알아야 할 상가임대차보호법 다섯 가지!

1. 임대인은 임차인이 임대차계약 만료 6개월~1개월 전까지 계약 갱신을 요구할 경우 정당한 사유 없이 거절하지 못한다.

2. 임대인이 계약만료 6개월~1개월 전까지 임차인에게 갱신 거절 또는 조건 변경을 통지하지 않았을 경우 임대차와 동일한 조건으로 1년 자동으로 연장한 것으로 본다.

   환산보증금을 초과하지 않는 매장은 상가임대차보호법에 적용을 받는다. 이러한 경우에 묵시적 갱신(만료 1개월까지 임대인 및 임차인 모두 의사표시하지 않고, 1년이 연장된 경우) 후, 임대인은 1년 내에 계약해지를 주장할 수 없고, 임차인은 1년 안에 계약을 해지할 수 있다. 임차인이 계약종료를 통지하면, 3개월 후 임대차계약은 종료된다.

   환산보증금을 초과하는 매장은 상가임대차보호법에 적용을 받지 않는다. 이럴 경우 묵시적 갱신 후 임차인은 계약해지가 가능하고, 계약해지 통보 1개월 이후 해지 효력이 발생한다. 또한, 임대인 측도 계약해지 권한이 있어 계약해지 통보를 한다면 6개월 이후 해지 효력이 발생한다. 그러므로 임대차 종료 1개월 전까지 계약연장을 반드시 임대인에게 의사표시를 하고 확인을 해야 한다.

상가임대차보호법에 적용대상 여부

지역	현행(2018.1.26)	2019년 개정안
서울	6억 1천만 원	9억 원
과밀억제권역, 부산	5억 원	6억 9천만 원
광역시 등	3억 9천만 원	5억 4천만 원
그 밖의 지역	2억 7천만 원	3억 7천만 원

환산보증금 = 보증금 + (월세 × 100)

예시) 서울에 위치한 매장이고, 보증금 8천만 원 / 월세 200만 원일 경우

8천만 원 + (200만 원 × 100) = 2억 8천만 원

→ 상가임대차보호법 적용대상

3. 임대차계약의 갱신을 요구할 수 있는 계약갱신요구권의 기간이 10년 적용된다.

쉽게 말해, 임대차계약이 시작되고 10년간은 영업을 할 수 있는 권리가 보장된다는 뜻이다. 단, 3개월 동안 월세가 밀리거나, 임대인 동의 없이 임차한 공간에 전대(자기 공간을 제3자에게 또다시 빌려줌)를 했을 경우, 임대차계약 체결 당시 철거 또는 재건축 계획을 임차인에게 구체적으로 고지했을 경우에는 임대인은 갱신을 거절할 수 있다.

4. 내 권리금을 보호받을 수 있는 권리금 보호규정이 있다.

   임대인은 계약만료 6개월 전부터 만료 때까지 임차인이 주선한 신규임차인이 되려는 자로부터 권리금 받는 것을 방해해서는 안 된다. 만약 이러한 사항을 위반하여 임차인에게 손해를 입혔다면 임차인은 손해배상을 청구할 수 있다.

5. 월세는 1년에 5% 인상을 초과하지 못한다.

   만약 월세가 100만 원이라면, 인상은 1년에 5만 원까지만 가능하다.

상가임대차보호법에 부가가치세는
임차료에 포함이 될까?

예를 들어, 서울(환산보증금이 9억 미만일 경우 적용)에서 보증금 1억 원, 월 임차료 750만 원(VAT별도)일 경우 환산보증금은 '보증금 1억 원 + (임차료 750만 원 × 100) = 8억 5천만 원'으로 상가임대차보호법에 적용된다.

하지만 임대인은 상가임대차는 부가세포함으로 계산해야 하며 임차료 825만 원(VAT포함)으로 환상보증금 9억 원이 초과되어 상가임대차보호법에 적용되는 매장이 아니라고 주장하는 경우도 간혹 있다.

계약할 때 반드시 환산보증금 범위를 파악하고 계약서상에 부가가치세 별도 또는 포함의 내용을 기재해야 분쟁을 예방할 수 있으니 반드시 유의해야 한다.

---

④

내 보증금은
어떻게 보호받지?

　보증금을 입금하고 난 후, '내 보증금이 어떻게 되는 거 아닐까?'라는 막연한 두려움이 있을 것이다. 그런 경우를 대비한 4가지(확정일자, 전세권, 근저당, 금전소비대차계약공증)의 안전장치가 있다.

　4가지 중 환산보증금이 초과되지 않는다면, 사업자등록과 동시에 확정일자를 받을 것을 권장한다.

(1) 확정일자

　임차인 입장에서 가장 저렴하고 간편하게 진행할 수 있는 보증금 보호장치가 확정일자이다. 경제적 약자인 임차인은 임대인이 꺼리는 근저당이나 전세권 등의 담보 설정이나 공증을 요구하기 어렵다. 그럴 경우, 임차인은 임대인 동의가 필요 없는 확정일자를 받으면 된다. 세무서를 방문하여 사업자등록을 하고, 동시에 확정일자 신청을 하면 된다. 경매 시 선순위가 없을 경우 우선순위에 배당되고 우선적으로 보증금을 변제 받을 수 있는 제도이다.

　단, 확정일자는 상가임대차보호법에 규정된 환산보증금 내에 기준금액에 있는 상가만 보증금을 보장받을 수 있기 때문에 사전에 확인이 꼭 필요하다.

■ 확정일자 설정 후, 주의사항

재계약을 할 때 보증금을 증액할 경우 기존 계약을 해지하고 새로운 계약서를 작성, 확정일자를 받는다면 전체 보증금이 새 확정일자 순위에 따르게 되어 기존의 확정일자 선 순위 권한을 잃게 된다.

쉽게 말해 기존에 내 보증금을 1순위로 보장받고 있었으나, 2년 후 재계약으로 인해 다시 확정일자를 받으려고 할 때 제3자가 2순위로 있었다면 그 제3자가 1순위가 되고, 나의 보증금은 2순위로 밀린다는 뜻이다.

그래서 신규 계약서를 작성할 때 특약사항(본 계약 외 임대인과 임차인 합의하에 특별히 정하는 조항)으로 다음과 같은 내용을 반드시 기재해야 한다.

"본 계약은 기존보다 보증금이 증액되어 작성된 계약이며, 기존 계약의 증액변경 외에는 기존 계약이 그대로 유지된다."

그런 다음 새로운 계약서에 확정일자를 받아서, 기존의 계약서와 함께 보관해야 기존 계약에 대한 우선 변제권(문제발생 시 먼저 보장받는다는 뜻)이 그대로 확보된다.

(2) 전세권

전세권은 보증금 금액만큼 등기부등본(부동산의 주민등록등본과 같은 개념)상에 채권설정을 하는 것이다. 만약 건물주가 보증금을 반환하지 않을 경우 경매신청이 가능하다. 경매 시에는 토지를 제외한 건물에 대한 금액으로 배당을 받는다.

당신의 **창업**인생은 이 책을 읽기 **전**과 읽은 **후**로 나뉜다

(3) 근저당권

근저당권도 전세권과 마찬가지로 동일하게 등기부등본상에 채권설정을 하는 것은 동일하다. 차이가 있다면 전세권은 보증금 금액만큼만 등기(등본 상에 등록)를 한다. 하지만, 근저당권은 보증금의 120~130%를 등기하여 향후 보증금 반환을 받지 못할 경우 이자 비용 외 손해배상까지 가능하도록 안전장치를 보다 강하게 해 둔다고 생각하면 된다.

(4) 금전소비대차 계약공증

금전소비대차 계약공증은 임대인이 임차인에게 보증금을 수취하며 공증 인이 직접 공정증서를 작성해 주는 것을 말한다. 금전 소비대차 계약공증을 한 공정증서는 법원 판결과 같은 효력이 있어 재판 없이도 임대인의 재산을 강제 집행해 돈을 돌려 받을 수 있다.

■ 반드시 임대차계약 전 확인해야 할 사항

해당 물건지(주소지)의 등기부등본에 선순위 담보설정이다. 등기부등본 상에 담보가 설정이 되어 있다면, 보장가능한지 체크해 보면 된다.

예시) 실거래가격 2억 원

선순위 담보설정액 1억 원

내가 줘야 할 보증금 5천만 원

→ 실거래가격의 80%를 계산: 2억 원 × 0.8= 1억 6천만 원

이 금액에서 선순위 담보설정액과 내가 줘야 할 보증금을 빼면

1억 6천만 원 - 1억 원 - 5천만 원 = 1천만 원이 된다.

이러한 경우에 전문용어로 담보여력이 있다고 한다.

물건지에 채무 문제가 발생하더라도 담보여력이 있어 보장은 가능하기 때문에 계약을 해도 안전하다고 보면 된다.

5

동일 건물에 동종 업종을
임대인이 입점시키는 경우?

만약 건물 1층에 분식점을 운영 중인데 동일 건물 1층에 분식점을 임대 줄 경우 임대인의 책임을 물을 수 있을까? 임대인과 임차인의 관계가 틀어질 시 임대인 측에서 동종 업종에 임대를 주는 경우가 가끔 있다.

대형건물에서 동종 업종 제한 등 관리규약이 있는 경우는 합당하게 동종 업계 입점에 대해 사전에 차단할 수 있지만 소규모 1인 소유 건물 상가의 경우 관리규약이 없기 때문에 책임을 물을 수 있는지 굉장히 난해할 것이다.

결론부터 말하면 동일 건물에 동종 업종을 입점시켰을 경우 임대인에게 책임을 물을 수 있다.

민법 제623조(임대인의 의무)

임대인은 목적물을 임차인에게 인도하고 계약 존속 중 그 사용, 수익
에 필요한 상태를 유지하게 할 의무를 부담한다.

→ 쉽게 말해 임대차계약 후 운영하는 데 있어 임차인이 돈을 버는 데 임대

인이 방해할 경우 책임을 물을 수 있다는 뜻이다. 가장 확실한 방법은 향후 분쟁이 일어날 경우를 대비하여 임대인에게 요청하여 계약서에 해당 내용을 명시하는 것이다.

당신의 **창업인생**은 이 책을 읽기 **전**과 읽은 **후**로 나뉜다

6

임대차계약 시
계약기간은 몇 년이 좋을까?

임대차계약서 작성 시 가장 큰 고민 중에 하나가 '몇 년 계약을 할까?'이다. 임대차계약 기간에 '반드시 몇 년을 해야 한다.'라는 정답이 있는 것은 아니다.

대형업체는 100평 이상의 대형 면적에 입점하는 경우 시설 인테리어 투자 금액이 상당하기 때문에 10년 임대차계약 진행이 안 될 경우 입점 검토를 하지 않는 경우도 있다. 이러한 경우는 초기에 고가의 비용이 투자되고, 예상 매출대로 실제매출이 발생하지 않아 손익이 부진하더라도 그러한 상황을 견뎌 낼 수 있는 자금이 뒷받침될 수 있기에 가능하다.

하지만 자영업자의 경우는 다르다. 만약 임대인이 '임차료 인상 없이 5년 계약합시다.'라고 했을 경우에 임차인 입장에서는 처음에 굉장히 매력적일 수 있지만, 이 기간이 추후에 발목을 잡을 수도 있는 족쇄가 될 수도 있다는 점을 알아야 한다. 임차료 인상 없이 안정적으로 5년을 영업할 수 있는 좋은 기회일 수도 있다. 그러나 매출 및 손익이 부진할 경우, 후속임차인을 구하지 못하면 잔여 계약기간이 있기 때문에 울며 겨자 먹기 식으로 월세를 계속 내며 영업을 해야 하는 상황이 발생한다.

이런 상황을 고려했을 때 최초 2년 또는 3년 계약 후 추후 상권상황이나 계약만료 임박 시 손익 등을 고려하여 1년 또는 2년 단위로 재계약 하는 것을 권장한다.

2018년 상가 임대차 보호법이 개정되면서 1년에 임차료를 5% 이상을 초과하여 인상할 수 없기 때문에 계약연장을 희망할 경우 기존의 9% 상한요율 대비 큰 부담이 되는 수준은 아닐 것이다.

임대인이 권리금을
인정하지 않는다고 하면?

간혹 임대차계약서 작성 시 임대인이 특약사항으로 '계약기간 종료 시 임대인에게 권리를 주장할 수 없다.'라는 내용을 계약서 특약사항에 기재하려고 한다. 향후 권리금 회수를 하려고 할 때 피해가 없을까?

앞서 설명한 권리금 회수 기간을 보호하는 상가임대차보호법은 약자 보호를 위한 강행규정이다. 만약 강행규정에 반하는 행위에 대해 쌍방이 합의하였더라도 이러한 합의는 무효(효력이 없음)라고 할 수 있다.

결론적으로 '권리금을 임대인이 인정하지 않는다.'라는 약정을 특약사항에 기재했더라도 임차인에게 심하게 불리한 내용이므로 임대차계약 종료 시까지 회수기한을 보장받을 수 있다.

8

원상복구는 최초 계약 때부터
미리 챙겨라!

임대차계약 종료 시에는 후속 임차인을 구해 원상복구(매장 내부를 원래의 상태로 돌려놓는 것)를 최소화한 후 퇴거하는 것이 가장 이상적이다. 만약 후속 임차인을 구하지 못하고 계약만료가 될 경우에는 임대인과 협의하여 원상복구를 해야 한다.

계약만료 후 공실이 되는 것을 좋아할 임대인은 없기 때문에 계약종료 시점에 임차인을 상대로 원상복구 관련 사항으로 횡포를 부리는 경우도 종종 있다. 가장 대표적인 사례가 임대인이 계약종료 시 원상복구 범위 문제로 보증금 지급을 지연하거나 말도 안 되는 원상복구 합의금을 요구하여 보증금에서 임의적으로 공제하고 주는 경우이다.

이런 문제를 사전에 예방하기 위해서는 임대차 목적물을 최초 인도 받을 시 내외부 사진 촬영을 반드시 하여야 하고 인테리어 공사 완료 후 사진촬영을 계약서에 첨부하여 함께 보관하여야 한다.

이러한 준비가 되어 있어야 추후 퇴거 시 원상복구 문제에 대해 임대인과의 분쟁을 예방할 수 있다.

권리양수도 계약서 작성 시
이 문구만은 꼭 넣자!

■ **유형의 재산적 가치**

→ 영업시설, 비품 등

■ **무형의 재산적 가치**

→ 거래처, 신용, 영업상의 노하우, 상가건물 위치에 따른 영업상 이점 등

권리양수도 계약 시 위의 내용들은 반드시 기재하도록 하자. 치킨집을 양수도 하는 과정에서 재산적 가치를 정확히 명시하지 않아 발생된 사례를 보자. 치킨집에 필요한 장비 등의 세부품목들을 계약서상에 기재하고 권리금을 지급하였다.

하지만 얼마 되지 않아 500m 떨어진 곳에 양도인이 기존 전화번호를 재개통하여 치킨집을 오픈한다. 해당 치킨집은 배달 비중이 50% 이상이었기 때문에 기존 전화번호 인수를 통해 단골고객을 이관 받는 것이 너무나 중요한 사안이었으나 그 부분을 정확히 기재하지 않아 분쟁이 발생하였다. 이외에

도 영업하는 데 있어 중요한 부분을 계약서상에 기재하지 않아 발생하는 사례들이 너무나 많다.

매장을 양수도할 때에는 영업과 관련된 모든 사항을 자세히 확인하고 관련 내용을 반드시 계약서에 기재해야 한다.

임대차 계약이 종료되었는데
임대인이 보증금을 돌려주지 않는다면?

임대차 만료와 동시에 원상복구 등 임대인 요구사항을 모두 실행하고, 보증금 반환을 요청하였으나 임대인이 '돈이 없다'거나 '다른 세입자를 구하면 주겠다.'라고 하며 막무가내식으로 미루는 경우가 있어 임차인들이 속앓이를 하는 경우가 적지 않다.

우선 계약해지를 할 생각이라면 반드시 최소 계약 만료 1개월 전에 임대인에게 통보해야 한다. '임대인이 통보 받은 적이 없다.'라고 하는 경우가 있기 때문에 확실히 하기 위해서는 내용증명을 발송하는 것이 좋다.

계약 만료 1개월 전에 계약해지 의사를 전달했으면 임대인은 계약 만료일에 보증금을 돌려줄 의무가 있다. 만약 임차인이 계약해지 통보 시기를 놓쳤다면 해지 의사를 밝힌 날로부터 3개월 후에 보증금을 받을 수 있다.

그런데 계약 만료 1개월 전에 계약해지를 통보했음에도 임대인이 보증금을 돌려주지 않으면 어떻게 해야 할까?

법원에 지급명령 신청을 할 수 있다. 비교적 절차가 간단하고 빠르게 이뤄지는 것이 장점이다. 직접 방문하지 않고 대법원 홈페이지에서도 신청이 가능하다. 접수 후 법원은 임대인에게 서면으로 해당 내용을 고지하고, 이를 수취한 임대인이 수취한 날로부터 2주간 이의신청을 하지 않으면 법적 효력이 발생한다. 세입자는 보증금을 회수하기 위해 부동산을 경매에 넘기는 등의 강제집행을 할 수 있다.

지급 명령 신청은 임대인에게 심리적인 압박을 줄 수 있고 민사소송을 진행하는 것보다 효율적이다. 물론 임대인이 이의 신청을 하면 소송으로 넘어간다.

임대인과 보증금 회수 관련 다툼이 있는 가운데 사업장 이전을 해야 한다면 반드시 '임차권 등기명령'을 신청해야 한다. 사업장 이전을 하더라도 확정일자(우선변제권) 등의 효력이 유지되기 때문이다.

무엇보다 등기부등본에 관련 내용이 게재돼 임대인이 심리적인 부담을 느낄 수 있다. 수수료를 포함해 비용도 25만 원 정도로 저렴한 편이다. 주의할 점은 '임차권 등기명령'을 임대인이 수취한 후에 이전해야 효력이 발생한다. 송달 완료 여부는 대법원 사이트에서 확인할 수 있다.

또한, 보증금이 3천만 원 이하의 경우 **'소액재판'**으로 보증금을 회수하는 방법이 있다.

소액재판은 소규모 민사 분쟁이 있을 경우 간소한 절차에 따라 신속히 처리하기 위해 심리를 행하는 절차를 의미하며 소액사건심판법에 의해 목적 값이 3천만 원 이하의 금전 또는 기타 대체물이나 유가증권의 일정한 수량의 지급을 목적으로 한다. 제1심 민사사건이며 우선 분쟁금액이 소액일 경우 바로 판결을 내리는 제도이다.

민사소송의 경우 복잡한 소송절차로 중도에 포기하는 경우가 빈번하지만, 소액재판은 간편하게 판결을 받을 수 있는 제도이다. 재판의 경우 단 1회로 끝나며 2~3개월의 기간이 소요된다. 법원에 본인이 직접 신청도 가능하다.

당신의 **창업**인생은 이 책을 읽기 **전**과 읽은 **후**로 나뉜다

내용증명이
뭐지?

일상생활에서 흔히 듣는 법률단어 중에 하나가 앞에서도 언급한 내용증명이다. 어려운 단어가 아니고, 알아두면 유용하기 때문에 예시와 함께 쉽게 설명해 보겠다.

내용증명은 계약해지를 한다는 문서내용을 우체국에서 등기우편으로 발송하며 우체국이 발송한 우편물의 내용과 날짜를 증명해 주는 것이다. 내용 자체가 사실증명을 목적으로 하는 것으로, 법적인 효력이 없다는 점을 명심해야 한다. 사실관계에 대해 객관적으로 간단명료하게 작성하면 되고, 동일문서 3부를 출력하여 우체국에서 접수하면 된다. 임대인에게 1부를 발송하고, 우체국과 임차인이 각 1부씩 보관하게 된다.

내용 증명

□ 수신인 :   김민성 귀하
□ 생년월일 :   1981.01.01
□ 주소 :   서울시 강남구 강남동 1번지

□발신인 :   최재형
□생년월일 :   1982.01.01
□주소 :   서울시 광진구 광진동 1번지

□제목 : 부동산 임대차 계약 해지 통보의 件

부동산의 표시 : 서울시 강남구 강남동 2번지 강남빌딩 101호 (전용면적 15평)
보증금 : 일천만 원(₩10,000,000원)
월임차료 : 오십만 원(₩500,000원)
계약기간 : 2017년 12월 1일 ~ 2019년 11월 30일

1. 귀하의 무궁한 발전을 기원합니다.

2. 본인은 위 부동산의 임차인으로 귀하와 다음과 같은 조건으로 임대차계약을
   체결하였습니다.
   보증금 : 일천만 원(₩10,000,000원)
   월임차료 : 오십만 원(₩500,000원)
   계약기간 : 2017년 12월 1일 ~ 2019년 11월 30일

3. 매출부진에 따른 손익하락으로 더 이상 매장을 유지할 수 없게 됨에 따라 임대차 계약 만료 시점인 2019년 11월 30일부로 계약해지를 통보드립니다.

4. 계약해지와 동시에 계약만료일에 상기 표기된 보증금을 반환하여 주시기 바랍니다.

첨부) 임대차계약서 1부

2019년 8월 25일

발신인 : 최 재 형 (인)

임대인이 리모델링 공사를 이유로
임대차계약 연장을 거절하는 경우?

2017년 6월 홍길동 씨는 2년 계약기간에 보증금 4천만 원, 임차료 100만 원, 권리금 3천만 원의 조건으로 치킨집을 운영 중이었으나 임대인의 건물 매매로 인해 임대인이 바뀌면서 건물 리모델링으로 계약종료 시 퇴거하라는 내용증명을 받았다.

이 경우 5년간 계약갱신 및 권리금 보호를 받을 수 있을까?

상가임대차보호법에 따르면 건물 전부 또는 대수선 공사를 해야 할 경우 리모델링에 관한 내용을 계약체결 당시 임차인에게 고지한 경우 정당한 계약갱신 거절 사유가 된다.

이때 정당한 계약갱신 거절 사유란

1. 임차인이 3기에 해당하는 차임을 연체한 경우
2. 임차인이 거짓 또는 부정한 방법으로 임차한 경우
3. 임대인의 동의 없이 건물을 전대한 경우
4. 임차인이 건물을 중대한 과실로 파손한 경우

---

5. 건물의 전부 또는 일부가 멸실(심하게 파손)되어 임대차의 목적을 달성하지 못한 경우

6. 건물 철거 또는 재건축이 필요한 경우

(안전검사 실시하여 D등급시 조건부재건축, E등급시 재건축)

만약, 임대인이 재건축 시기를 고지한 후 임차인과의 계약갱신을 거절하였더라도 정당한 사유 없이 고지한 시기에 공사 진행을 하지 않는다면 임차인은 손해배상을 청구할 수 있다.

☆☆☆☆☆

부록 1

회사를 가려면
면접준비를 해야 하듯이
창업을 하려면
창업계획서를
작성해 봐야 한다

① 창업계획서가 뭘까?

　일반적으로 사업계획서라 일컫는데 예비창업자를 대상으로 쓴 책이기 때문에 창업계획서로 표현토록 하겠다.

　창업계획서란 하고자 하는 창업의 계획에 대한 내용을 문서로 체계적이고 구체적으로 만드는 작업을 말한다.

② 창업계획서를 왜 써야 할까?

1. 체계적으로 창업을 추진하기 위한 설계의 기능을 한다.
2. 창업계획을 세우면서 사업의 컨셉과 방향성을 명확히 할 수 있다.
3. 창업계획서를 작성해봄으로써 창업의 실현가능성을 타진해볼 수 있다.
4. 창업에 필요한 업무 중에 놓치거나 부족한 부분을 보완할 수 있다.

당신의 창업인생은 이 책을 읽기 **전**과 읽은 **후**로 나뉜다

3

창업계획서의 작성원칙은?

1. 실현가능성에 대한 구체적인 내용이 담겨야 한다.
2. 누구나 쉽게 이해하도록 작성해야 한다.
3. 가급적 항목마다 간단명료하게 작성해야 한다.
4. 창업자의 주관적인 내용은 최대한 배제하고 객관적인 내용을 담아야 한다.
5. 창업의 강점을 내세우되, 약점에 대한 해결 및 보완 방법도 반드시 명시해야 한다.

4

창업계획서의 필수 구성요소에는 어떠한 것들이 있을까?

1) 창업개요
창업의 목적과 창업아이템의 특징 등을 기술

부록 1 회사를 가려면 면접준비를 해야 하듯이 창업을 하려면 창업계획서를 작성해 봐야 한다

2) 창업자 정보

창업자 인적사항, 사업장 주소 등을 기입

3) 시장 및 환경분석

입지 및 상권분석, SWOT분석 등

4) 마케팅 전략

어떤 식으로 고객에게 우리 매장을 어필할 것인지에 대하여 기술

5) 소요자금 및 자금 조달계획

예상되는 소요자금 및 자금을 어떤 식으로 조달할 것인지에 대한 계획

6) 사업추진 일정계획

주차별 또는 월별 추진단계에 대한 계획

7) 판매계획 및 추정 재무제표 수립

예상되는 매출 또는 판매에 대한 계획과 함께 이로 인해 추정되는 손익계

산서 작성

당신의 **창업인생**은 이 책을 읽기 **전**과 읽은 **후**로 나뉜다

창업계획서 예시

1) 창업개요

창업 목적	최근 혼밥족의 급격한 증가로 혼밥족을 타겟으로 한 외식업 희망
창업아이템 특징	혼밥족을 타겟으로 한 1인 식당 개업
	창업 업종은 한국인들이 가장 무난하게 즐길 수 있는 김치찌개
	기존의 빨간 김치가 아닌 백김치를 사용하여 보다 구수한 맛을 강조
	백김치의 구수한 맛과 어울리는 돌솥밥을 고객에게 제공

2) 창업자 정보

• 사업장현황

상호명	홍길동 김치찌개	대표자명	홍길동
사업자 등록번호	123-45-67891	생년월일	800101
사업장 소재지	서울시 강남구 강남동 1	휴대폰	010-6393-1000
개업(예정)일자	2020.02.10	종업원수(예정)	3
업 태	음식업	종목	김치찌개
사업장	소유형태	자가 / 임차(보증금: 2천만 원, 월세: 150만 원, 권리금: 3천만 원)	
	평수	15평	
	건물용도	근린생활시설	

부록 1 회사를 가려면 면접준비를 해야 하듯이 창업을 하려면 창업계획서를 작성해 봐야 한다

• 창업자 인적사항

성명	홍길동	생년월일		800101	
주소	서울시 강남구 강남동 2		전화번호	010-6393-1000	
학력	기간	학교명	전공		
	2000. 2월	명덕고등학교	문과		
	2008. 2월	명덕대학교	경영학		
특기사항 (자격증)	- 1종 보통 운전면허증 - 한식 자격증				
경력	근무기간	근무처	담당업무	직위	
	19.01.01~ 19.03.01	흥부 부대찌개 강서점	주방	파트타이머	

3) 시장 및 환경분석

• 입지 및 상권분석

도로 구조	사거리 주변으로 왕복 4차선의 도로가 있고, 승용차가 진입할 수 있는 곳에 위치함
접근 용이성	아파트 단지와 주택 단지 모두 주 이동경로 주동선으로서 접근성이 매우 우수함
대중교통	운행 버스가 모두 이곳을 통과하고 있어 교통환경이 매우 우수함
통행 빈도	주변 아파트 단지와 주택 단지 진입로로서 시장, 병원, 의류매장 등이 많이 있고, 출, 퇴근 시간뿐만 아니라 점심/저녁시간에도 비교적 통행 빈도가 높음
집객시설	시장, 대형병원, 은행, 대학교, 마트, 동사무소 등이 위치하고 있어 고객 유인성(집객성)이 높음

• SWOT 분석

강점(Strength)	약점(Weakness)
최상의 분위기 전문성 높음 저렴한 가격 충분한 주차 시설	소형 평수 파티션이 없는 공간 메뉴의 다양성 부족 2층으로 고객응대 불편
기회(Opportunity)	위협(Threat)
오피스 및 외부자원 지속적으로 유입 배달환경 개선 기존 빨간 김치찌개 업체와의 차별화	식자재 가격 상승 인건비 상승 동일업종(경쟁점)진입장벽 낮음

4) 마케팅 전략

SO전략	• 주차시설을 이용한 단체고객 중심의 외부영업 • 배달에 적합한 추가적인 메뉴구성으로 매출상승 달성전략 수립 　(저렴한 가격을 이용한) 테이크 아웃 서비스 제공 및 학생층 고객 유도
WO전략	• (소형평수) 약점을 개선하기 위한 회전율 높일 수 있는 메뉴구성 • 지속적으로 증가하는 오피스 고객에 대한 쿠폰발행 등 마케팅 채널 다양화 • 증가하는 배달수요 확보를 위한 지속적인 광고활동
ST전략	• 동일업종 입점에 대비한 브랜드에 대한 경쟁력 확보 　(가격경쟁력 및 독보적인 소스 등 상품개발 지속) • 전문성 강화
WT전략	• 김치찌개 식재료 바탕으로 추가할 수 있는 메뉴 구성(다양화) • 이동식 파티션 도입으로 고객 불편 해소 • 셀프서비스 및 셀프(KIOSK) 주문으로 인건비 상승에 대응

부록 1 회사를 가려면 면접준비를 해야 하듯이 창업을 하려면 창업계획서를 작성해 봐야 한다

5) 소요자금 및 자금 조달계획

• 소요자금

(단위 : 원)

구분		내용	금액
시설 자금	인테리어	49.5m²(15평)	23,000,000
	주방	퇴식대, 작업대, 냉장고 가스레인지 등	7,000,000
	의탁자	2인 테이블, 4인 테이블, 의자, 붙박이 의자 등	2,500,000
	간판	철거공사, 금속공사, 돌출 간판 등	6,000,000
	소모품	유니폼, 집기, 기타잡비 등	5,000,000
	기타	철거공사, 소방공사, 가스공사, 전기공사, 냉난방기 등	10,000,000
소계			53,500,000
운전 자금	직원급여	매니저 2,000,000 파트타이머 2,000,000 파트타이머 1,800,000	5,800,000
	광고선전비	전단지 및 홍보물	200,000
	임차료	월 사업장 임차료	1,500,000
	기타 경비	통신비, 수도 광열비, 세금 및 공과금 등	300,000
	현금 보유액	사업 부진의 경우 예상 보유액	9,200,000
소계			17,000,000
합계			70,500,000

• 자금조달계획

(단위 : 원)

구분		금액	비고
자기 자본	정기예금	20,000,000	
	퇴직금	12,000,000	
	현금	10,000,000	
소계		42,000,000	

당신의 **창업**인생은 이 책을 읽기 **전**과 읽은 **후**로 나뉜다

타인 자본	소상공인지원센터 지원창업대출 등 자금	30,000,000	
	소계	30,000,000	
	합계	72,000,000	

6) 사업추진 및 일정계획

일정 내용	20년 1월				20년 2월				비고
	1주차	2주차	3주차	4주차	1주차	2주차	3주차	4주차	
후보점 주변 시세조사 (권리금, 월세…)	∨								
후보점 인허가 가능 여 부 확인(일반음식점)		∨							
시설인테리어 견적 요 청(최소 3개업체)		∨							
권리 양수도 계약 체결			∨						
임대차계약 체결			∨						
매장공사 진행				∨	∨				
오픈						∨			

7) 판매계획 및 추정 재무제표 수립

• 판매매출계획

(단위 : 원)

품목	금액	산출 근거(일 기준)
김치찌개 (메뉴단가: 7,000원)	350,000	50명×7,000
묵은지김치찌개 (메뉴단가: 8,000원)	160,000	20명×8,000
갈비김치찌개 (메뉴단가: 9,000원)	180,000	20명×9,000
주류 및 사이드메뉴(계란말이, 라면사리 등)	40,000	20명×2,000
합계	730,000	월 목표 예상매출 22,192,000원

부록 1 회사를 가려면 면접준비를 해야 하듯이 창업을 하려면 창업계획서를 작성해 봐야 한다

품목 : 판매를 위해 구입할 취급 품목을 기재

금액 : 평균 1일 구입할 금액

월 목표 예상매출 : 월 30.4일로 계산

• 예상 손익 분석

(단위 : 원)

I . 매출액	22,192,000
II . 매출원가	8,900,000
III. 매출총이익	13.292,000
IV. 판매비와 일반관리비	8,800,000
1. 인건비	5,800,000
2. 임차료	1,500,000
3. 광고선전비	200,000
4. 감가상각비	300,000
5. 기타경비	1,000,000
V. 영업이익	4.492,000
VI. 영업외비용	400,000
1. 은행이자	400,000
XI. 세전순이익	4,092,000

당신의 창업인생은 이 책을 읽기 **전**과 읽은 **후**로 나뉜다

☆☆☆☆☆

부록 2

근무자 채용 시 반드시 작성해야 하는 근로계약서 양식

• 근로계약이 뭘까?

근로계약이란 쉽게 풀이하면, 근로자가 회사의 지시 및 관리에 따라 일을 하고, 그 대가로 급여를 받기로 한 계약을 뜻한다. 이 때 작성하는 문서가 바로 근로계약서이다. 사업주는 근로자와 반드시 근로계약서를 작성해야 한다. 만약 근로계약서를 작성하지 않거나, 거부할 경우 500만 원 이하의 과태료를 처분 받을 수 있다.

근무자 채용 시 어떤 근로계약 종류에 해당되는지 확인 후 해당 양식에 맞게 작성하면 된다.

[2019년 고용노동부에서 발행한 표준근로계약서 관련 7종]
❶ 기간 정함 없는 표준근로계약서

표준근로계약서(기간의 정함이 없는 경우)

(이하 "사업주"라 함)과(와) (이하 "근로자"라 함)은 다음과 같이 근로계약을 체결한다.

1. 근로개시일 :   년   월   일부터

2. 근무장소 :

3. 업무의 내용 :

4. 소정근로시간 :   시   분부터   시   분까지 (휴게시간 :   시   분 ~   시   분)

5. 근무일/휴일 : 매주   일(또는 매일 단위) 근무, 주휴일 매주   요일

6. 임금

　- 월(일, 시간)급 :   원

　- 상여금 : 있음 (   )   원, 없음 (   )

- 기타급여(제수당 등) : 있음 (   ), 없음 (   )

· 　　　　　원, 　　　　원

· 　　　　　원, 　　　　원

- 임금지급일 : 매월(매주 또는 매일)   일(휴일의 경우는 전일 지급)

- 지급방법 : 근로자에게 직접지급 (   ), 근로자 명의 예금통장에 입금 (   )

7. 연차유급휴가

- 연차유급휴가는 근로기준법에서 정하는 바에 따라 부여함

8. 사회보험 적용여부 (해당란에 체크)

□ 고용보험 □ 산재보험 □ 국민연금 □ 건강보험

9. 근로계약서 교부

- 사업주는 근로계약을 체결함과 동시에 본 계약서를 사본하여 근로자의 교
부요구와 관계없이 근로자에게 교부함(근로기준법 제17조 이행)

10. 근로계약, 취업규칙 등의 성실한 이행의무

- 사업주와 근로자는 각자가 근로계약, 취업규칙, 단체협약을 지키고 성실하
게 이행하여야 함

11. 기타

- 이 계약에 정함이 없는 사항은 근로기준법령에 의함

년   월   일

(사업주) 사업체명: (전화:)

　　　　주소:

　　　　대표자 :   (서명)

(근로자) 주소:

　　　　연락처:

　　　　성 명 :   (서명)

❷ 기간정함이 있는 표준근로계약서

표준근로계약서(기간의 정함이 있는 경우)

(이하 "사업주"라 함)과(와) (이하 "근로자"라 함)은 다음과 같이 근로계약을 체결한다.

1. 근로계약기간 :   년   월   일부터   년   월   일까지

2. 근무장소 :

3. 업무의 내용 :

4. 소정근로시간 :   시   분부터   시   분까지 (휴게시간 :   시   분 ~   시   분)

5. 근무일/휴일 : 매주   일(또는 매일 단위)근무, 주휴일 매주   요일

6. 임금

   - 월(일, 시간)급 :   원

   - 상여금 : 있음 (   )   원, 없음 (   )

   - 기타급여(제수당 등) : 있음 (   ), 없음 (   )

     •   원,   원

     •   원,   원

   - 임금지급일 : 매월(매주 또는 매일)   일(휴일의 경우는 전일 지급)

   - 지급방법 : 근로자에게 직접지급( ), 근로자 명의 예금통장에 입금( )

7. 연차유급휴가

   - 연차유급휴가는 근로기준법에서 정하는 바에 따라 부여함

8. 사회보험 적용여부(해당란에 체크)

   □ 고용보험 □ 산재보험 □ 국민연금 □ 건강보험

9. 근로계약서 교부

   - 사업주는 근로계약을 체결함과 동시에 본 계약서를 사본하여 근로자의 교부요구와 관계없이 근로자에게 교부함(근로기준법 제17조 이행)

당신의 **창업**인생은 이 책을 읽기 **전**과 읽은 **후**로 나뉜다

10. 근로계약, 취업규칙 등의 성실한 이행의무

　- 사업주와 근로자는 각자가 근로계약, 취업규칙, 단체협약을 지키고 성실하
　　게 이행하여야 함

11. 기타

　- 이 계약에 정함이 없는 사항은 근로기준법령에 의함

　　　　　　　　　　년　　　월　　　일

(사업주) 사업체명:　　　　　　　　　　　　　　(전화:　　　　　　　　)

　　　　주소:

　　　　대표자 :　　　　　　(서명)

(근로자) 주소:

　　　　연락처:

　　　　성 명 :　　　　　　(서명)

❸ 18세 미만 고용시 표준근로계약서

연소근로자(18세 미만인 자) 표준근로계약서

(이하 "사업주"라 함)과(와) (이하 "근로자"라 함)은 다음과 같이 근로계약을 체결
한다.

1. 근로개시일 :　　년　　월　　일부터

※ 근로계약기간을 정하는 경우에는 "　　년　월　　일부터　　년　월　　일까지" 등
으로 기재

2. 근무장소 :

3. 업무의 내용 :

4. 소정근로시간 :   시   분부터   시   분까지 (휴게시간 :   시   분 ~   시   분)

5. 근무일/휴일 : 매주   일(또는 매일 단위) 근무, 주휴일 매주   요일

6. 임금

　- 월(일, 시간)급 :   원

　- 상여금 : 있음 (   )   원, 없음 (   )

　- 기타급여(제수당 등) : 있음 (   ), 없음 (   )

　　•　　원,   원

　　•　　원,   원

　- 임금지급일 : 매월(매주 또는 매일) 일(휴일의 경우는 전일 지급)

　- 지급방법 : 근로자에게 직접지급(   ), 근로자 명의 예금통장에 입금(   )

7. 연차유급휴가

　- 연차유급휴가는 근로기준법에서 정하는 바에 따라 부여함

8. 가족관계증명서 및 동의서

　- 가족관계기록사항에 관한 증명서 제출 여부:

　- 친권자 또는 후견인의 동의서 구비 여부 :

9. 사회보험 적용여부(해당란에 체크)

　　□ 고용보험 □ 산재보험 □ 국민연금 □ 건강보험

10. 근로계약서 교부

　- 사업주는 근로계약을 체결함과 동시에 본 계약서를 사본하여 근로자의 교
　　부요구와 관계없이 근로자에게 교부함(근로기준법 제17조, 제67조 이행)

11. 근로계약, 취업규칙 등의 성실한 이행의무

　- 사업주와 근로자는 각자가 근로계약, 취업규칙, 단체협약을 지키고 성실하
　　게 이행하여야 함

당신의 창업인생은 이 책을 읽기 전과 읽은 후로 나뉜다

12. 기타

   - 13세 이상 15세 미만인 자에 대해서는 고용노동부장관으로부터 취직 인허
     증을 교부받아야 하며, 이 계약에 정함이 없는 사항은 근로기준법령에 의함

                          년   월   일

(사업주) 사업체명: (전화:)

        주소:

        대표자 :   (서명)

(근로자) 주소:

        연락처:

        성 명 :   (서명)

❹ 18세 미만 고용시 친권자 동의서

친권자(후견인) 동의서

○ 친권자(후견인) 인적사항

 - 성명 :

 - 생년월일 :

 - 주소 :

 - 연락처 :

 - 연소근로자와의 관계 :

○ 연소근로자 인적사항

　- 성명 :　　　　(만　세)

　- 생년월일 :

　- 주소 :

　- 연락처 :

○ 사업장 개요

　- 회사명 :

　- 회사주소 :

　- 대표자 :

　- 회사전화 :

본인은 위 연소근로자 가 위 사업장에서 근로를 하는 것에 대하여 동의합니다.

　　　　　　　　　년　　　월　　　일

　　　　　　　　　　　　　　　　친권자(후견인)　　　　(인)

첨 부 : 가족관계증명서 1부

❺ 일용직 근로자 표준근로계약서

건설일용근로자 표준근로계약서

(이하 "사업주"라 함)과(와) (이하 "근로자"라 함)은 다음과 같이 근로계약을 체결한다.

1. 근로계약기간 :   년 월 일부터   년 월 일까지

※ 근로계약기간을 정하는 경우에는 "   년 월 일부터   년 월 일 까지" 등으로 기재

2. 근무장소 :

3. 업무의 내용(직종) :

4. 소정근로시간 :   시   분부터   시   분까지 (휴게시간 :   시 분 ~   시 분)

5. 근무일/휴일 : 매주   일(또는 매일단위)근무, 주휴일 매주   요일(해당자에 한함)

※ 주휴일은 1주간 소정근로일을 모두 근로한 경우에 주당 1일을 유급으로 부여

6. 임금

  - 월(일, 시간)급 :   원(해당사항에 ○표)

  - 상여금 : 있음 (   ) 원, 없음 (   )

  - 기타 제수당(시간외, 야간, 휴일근로수당 등):   원(내역별 기재)

    • 시간외 근로수당: 원 (월   시간분)

    • 야간 근로수당: 원 (월   시간분)

    • 휴일 근로수당: 원 (월   시간분)

  - 임금지급일 : 매월(매주 또는 매일)   일(휴일의 경우는 전일 지급)

  - 지급방법 : 근로자에게 직접지급(   ), 근로자 명의 예금통장에 입금(   )

7. 연차유급휴가

연차유급휴가는 근로기준법에서 정하는 바에 따라 부여함

8. 사회보험 적용여부(해당란에 체크)

  □ 고용보험 □ 산재보험 □ 국민연금 □ 건강보험

9. 근로계약서 교부

  - "사업주"는 근로계약을 체결함과 동시에 본 계약서를 사본하여 "근로자"의
    교부요구와 관계없이 "근로자"에게 교부함(근로기준법 제17조 이행)

10. 근로계약, 취업규칙 등의 성실한 이행의무

  - 사업주와 근로자는 각자가 근로계약, 취업규칙, 단체협약을 지키고 성실하
    게 이행하여야 함

11. 기타

  - 이 계약에 정함이 없는 사항은 근로기준법령에 의함

                        년   월   일

(사업주) 사업체명: (전화:)

        주소:

        대표자 :   (서명)

(근로자) 주소:

        연락처:

        성 명 :   (서명)

❻ 단시간 근로자 표준근로계약서

단시간근로자 표준근로계약서

(이하 "사업주"라 함)과(와) (이하 "근로자"라 함)은 다음과 같이 근로계약을 체결한다.

1. 근로개시일 : 　년　월　일부터

※ 근로계약기간을 정하는 경우에는 "　년　월　일부터　년　월　일까지" 등으로 기재

2. 근무장소 :

3. 업무의 내용 :

4. 근로일 및 근로일별 근로시간

	(　)요일	(　)요일	(　)요일	(　)요일	(　)요일	(　)요일
근로시간	시간	시간	시간	시간	시간	시간
시업	시 분	시 분	시 분	시 분	시 분	시 분
종업	시 분	시 분	시 분	시 분	시 분	시 분
휴게시간	시 분 ~ 시 분	시 분 ~ 시 분	시 분 ~ 시 분	시 분 ~ 시 분	시 분 ~ 시 분	시 분 ~ 시 분

○ 주휴일 : 매주　요일

5. 임금

　- 시간(일, 월) 급 :　　　원(해당사항에 ○표)

　- 상여금 : 있음 (　)　　원, 없음 (　)

　- 기타급여(제수당 등) : 있음 :　　원 (내역별 기재), 없음 (　)

　- 초과근로에 대한 가산임금률: 　%

※ 단시간근로자와 사용자 사이에 근로하기로 정한 시간을 초과하여 근로하면 법정 근로시간 내라도 통상임금의 100분의 50% 이상의 가산임금 지급('14. 9. 19. 시행)

- 임금지급일 : 매월(매주 또는 매일)   일(휴일의 경우는 전일 지급)

- 지급방법 : 근로자에게 직접지급(   ), 근로자 명의 예금통장에 입금(   )

6. 연차유급휴가: 통상근로자의 근로시간에 비례하여 연차유급휴가 부여

7. 사회보험 적용여부(해당란에 체크)

　　□ 고용보험 □ 산재보험 □ 국민연금 □ 건강보험

8. 근로계약서 교부

- "사업주"는 근로계약을 체결함과 동시에 본 계약서를 사본하여 "근로자"의
교부요구와 관계없이 "근로자"에게 교부함(근로기준법 제17조 이행)

9. 근로계약, 취업규칙 등의 성실한 이행의무

- 사업주와 근로자는 각자가 근로계약, 취업규칙, 단체협약을 지키고 성실하
게 이행하여야 함

10. 기타

- 이 계약에 정함이 없는 사항은 근로기준법령에 의함

년   월   일

(사업주) 사업체명:　　　　　　　　　　　　　　　(전화:　　　　　　)

　　　　주소:

　　　　대표자 :　　　　　(서명)

(근로자) 주소:

　　　　연락처:

　　　　성 명 :　　　　　(서명)

❼ 외국인 고용시 표준근로계약서

■ 외국인근로자의 고용 등에 관한 법률 시행규칙 [별지 제6호서식]

표준근로계약서
Standard Labor Contract

(앞쪽)

아래 당사자는 다음과 같이 근로계약을 체결하고 이를 성실히 이행할 것을 약정한다.

he following parties to the contract agree to fully comply with the terms of the contract stated hereinafter.

사용자 Employer	업체명 Name of the enterprise	전화번호 Phone number
	소재지 Location of the enterprise	
	성명 Name of the employer	사업자등록번호(주민등록번호) Identification number
근로자 Employee	성명 Name of the employee	생년월일 Birthdate
	본국주소 Address(Home Country)	
1. 근로계약 기간	- 신규 또는 재입국자: (　　) 개월 - 사업장변경자:　　년　월　일 ~　　년　월　일 * 수습기간: [　　]활용(입국일부터 [　　]1개월 [　　]2개월 [　　]3개월 [　　]개월) 　　[　　]미활용 ※ 신규 또는 재입국자의 근로계약기간은 입국일부터 기산함(다만, 「외국인근로자의 고용 등에 관한 법률」 제18조의4제1항에 따라 재입국(성실재입국)한 경우는 입국하여 근로를 시작한 날부터 기산함).	

1. Term Of Labor contract	- Newcomers or Re-entering employee: ( ) month(s) - Employee who changed workplace: from (YY/MM/DD) to (YY/MM/DD) * Probation period: [ ] Included (for [ ] 1 month [ ] 2 months [ ] 3 months from entry date - or specify other: ___ ___.), [ ] Not included ※ The employment term for newcomers and re-entering employees will begin on their date of arrival in Korea, while the employment of those who re-entered through the committed workers' system will commence on their first day of work as stipulated in Article 18-4 (1) of Act on Foreign Workers' Employment, etc.
2. 근로장소	※ 근로자를 이 계약서에서 정한 장소 외에서 근로하게 해서는 안 됨.
2. Place of employment	※ The undersigned employee is not allowed to work apart from the contract enterprise.
3. 업무내용	- 업종: - 사업내용: - 직무내용: (외국인근로자가 사업장에서 수행할 구체적인 업무를 반드시 기재)
3. Description of work	- Industry: - Business description: - Job description: (Detailed duties and responsibilities of the employee must be stated)
4. 근로시간	시 분~ 시 분 - 1일 평균 시간외 근로시간: 시간(사업장 사정에 따라 변동 가능: 시간 이내) - 교대제([ ]2조2교대, [ ] 3조3교대, [ ]4조3교대, [ ]기타)	※ 가사사용인, 개인간병인의 경우에는 기재를 생략할 수 있음.
4. Working hours	from ( ) to ( ) - average daily over time: hours (changeable depending on the condition of a company): up to hours) - shift system([ ]2groups 2shifts, [ ]3groups 3shifts, [ ]4groups 3shifts, [ ]etc.)	※ An employer of workers in domestic help, nursing can omit the working hours.

당신의 **창업**인생은 이 책을 읽기 **전**과 읽은 **후**로 나뉜다

5. 휴게시간	1일 분	
5. Recess hours	( ) minutes per day	
6. 휴일	[ ]일요일 [ ]공휴일([ ]유급 [ ]무급) [ ]매주 토요일 [ ]격주 토요일, [ ]기타( )	
6. Holidays	[ ]Sunday [ ]Legal holiday([ ]Paid [ ]Unpaid) [ ]Every saturday [ ]Every other Saturday [ ]etc. ( )	

210mm×297mm[백상지(80g/㎡) 또는 중질지(80g/㎡)]

(뒤쪽)

7. 임금	1) 월 통상임금 ( )원 - 기본급[(월, 시간, 일, 주)급] ( )원 - 고정적 수당: (수당 : 원), (수당: 원) - 상여금 (원) * 수습기간 중 임금 ( )원, 수습시작일부터 3개월 이내 근무기간 ( )원 2) 연장, 야간, 휴일근로에 대해서는 통상임금의 50%를 가산하여 수당 지급 (상시근로자 4인 이하 사업장에는 해당되지 않음)
7. Payment	1) Monthly Normal wages ( )won - Basic pay[(Monthly, hourly, daily, weekly) wage] ( )won - Fixed benefits: (fixed benefits :)won, (fixed benefits :)won - Bonus: ( )won * Wage during probation period: ( )won, but for up to the first 3 months of probation period: ( ) won 2) Overtime, night shift or holiday will be paid 50% more than the employee's regular rate of pay(not applied to business with 4 or less employees).
8. 임금지급일	매월 ( )일 또는 매주 ( )요일. 다만, 임금 지급일이 공휴일인 경우에는 전날에 지급함.
8. Payment date	Every ( )th day of the month or every (day) of the week. If the payment date falls on a holiday, the paymenvery week, t will be made on the day before the holiday.
9. 지급방법	[ ]직접 지급, [ ]통장 입금 ※ 사용자는 근로자 명의로 된 예금통장 및 도장을 관리해서는 안 됨.
9. Payment methods	[ ]In person, [ ]By direct deposit transfer into the employee's account ※ The employer will not retain the bank book and the seal of the employee.

10. 숙식제공	1) 숙박시설 제공 　- 숙박시설 제공 여부: [　]제공 [　]미제공 　제공 시, 숙박시설의 유형([　]주택, [　]고시원, [　]오피스텔, [　]숙박시 　설(여관, 호스텔, 펜션 등), [　]컨테이너, [　]조립식 패널, [　]사업장 건 　물, 기타 주택형태 시설(　) 　- 숙박시설 제공 시 근로자 부담금액: 매월　　원 2) 식사 제공 　- 식사 제공 여부: 제공([　]조식, [　]중식, [　]석식) [　]미제공 　- 식사 제공 시 근로자 부담금액: 매월　　원
	※ 근로자의 비용 부담 수준은 사용자와 근로자 간 협의(신규 또는 재입국자의 경우 입국 이후)에 따라 별도로 결정.
10. Accommodations and Meals	1) Provision of accommodation - Provision of accommodation: [　]Provided, [　]Not provided (If provided, type of accommodations: [　]Detached houses, [　] Goshiwans, [　]Studio flats, [ ]Lodging facility (such as a motel, hostel, pension hotel, etc.), [　]Container boxes [　]SIP panel constructions, [　] Rooms within the business building - or specify other housing or boarding facilities _____.) - Cost of accommodation paid by employee: won/month 2) Provision of meals - Provision of meals: [　]Provided([　]breakfast, [　]lunch, [　]dinner), [　] Not provided - Cost of meals paid by employee: won/month
	※ The amount of costs paid by employee, will be determined by mutual consultation between the employer and employee (Newcomers and re-entering employees will consult with their employers after arrival in Korea).

11. 사용자와 근로자는 각자가 근로계약, 취업규칙, 단체협약을 지키고 성실하게 이행하여야 한다.

11. Both employees and employers shall comply with collective agreements, rules of employment, and terms of labor contracts and be obliged to fulfill them in good faith.

12. 이 계약에서 정하지 않은 사항은 「근로기준법」에서 정하는 바에 따른다.
가사서비스업 및 개인간병인에 종사하는 외국인근로자의 경우 근로시간, 휴일·휴가, 그 밖에 모든 근로조건에 대해 사용자와 자유롭게 계약을 체결하는 것이 가능합니다.

12. Other matters not regulated in this contract will follow provisions of the Labor Standards Act.
※ The terms and conditions of the labor contract for employees in domestic help and nursing can be freely
Decided through the agreement between an employer and an employee.

당신의 창업인생은 이 책을 읽기 전과 읽은 후로 나뉜다

                                                          년   월   일
                                                _____ (YY/MM/DD)

          사용자: (서명 또는 인)
          Employer: (signature)

          근로자: (서명 또는 인)
          Employee: (signature)

부록 3

소상공인만이
누릴 수 있는 특권!
노란공제우산

노란우산공제란?

소기업/소상공인이 폐업, 노령, 사망 등의 위험으로부터 생활안정을 기하고 사업재기 기회를 제공 받을 수 있도록 중소기업협동조합법 제115조 규정에 따라 운영되는 공적제도이다.

사업자는 매년 종합소득세를 신고 또는 납부를 진행하면서 세금을 절약할 수 있는 공제항목을 체크해 보게 되는데 소득공제 항목에 '소기업소상공인 공제부금'이라는 항목이 있다.

종합소득세 절세 효과를 볼 수 있는 소득공제 항목으로 정부가 사업자의 생활안정을 위해 높은 소득공제를 제공하여 절세할 수 있는 노란우산공제 제도의 다른 명칭이다.

규모가 점차 확대되는 노란우산공제

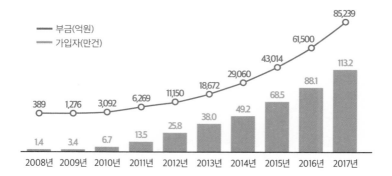

당신의 창업인생은 이 책을 읽기 **전**과 읽은 **후**로 나뉜다

가입대상

소기업, 소상공인 대표자

사업체가 소기업, 소상공인 범위에 포함되는 개인사업자 또는 법인의 대표자는 누구나 가입가능(단, 비영리법인 대표자 및 가입제한 대상에 해당되는 대표자는 가입 불가)

여러 사업체가 있는 대표자의 경우

반드시 1개의 사업체를 선택하여 가입, 선택한 사업체의 폐업, 퇴임 등에 대해서만 공제금이 지급

무등록 소상공인

등록된 사업자는 아니나 사업사실 확인이 가능한 인적용역제공자도 가입이 가능

소기업, 소상공인 범위

업종별 연평균 매출액 10억-120억 원 이하

업종	연평균 매출액
제조업(의료용 물질 · 의약품 등 15개)	120억 원 이하
전기 · 가스 · 수도사업	
제조업(펄프 · 종이 · 종이제품 등 9개), 광업, 건설업, 운수업	80억 원 이하
농업, 임업, 및 어업, 금융, 보험업	
출판 · 영상 · 정보서비스	50억 원 이하
도 · 소매업	
전문 · 과학 · 기술서비스, 사업서비스	30억 원 이하
하수 · 폐기물처리업, 예술 · 스포츠 · 여가서비스, 부동산임대업	
보건,사회복지서비스	10억 원 이하
개인서비스업, 교육서비스업, 숙박 · 음식점업	

가입제한 업종

주점업	일반유흥주점업	한국표준산업분류 56211
	무도유흥주점업	한국표준산업분류 56211
	식품위생법시행령 제21조에 따른 단란주점업	
무도장 운영업		한국표준산업분류 91291
도박장 운영업		한국표준산업분류 91249
의료행위 아닌 안마업		한국표준산업분류 96122

당신의 창업인생은 이 책을 읽기 전과 읽은 후로 나뉜다

제도의 특징

1) 법으로 보호받는 사회안전망

비영리특별법인인 중소기업중앙회가 운영하고, 중소벤처기업부가 감독하는 공적제도

2) 채권자의 압류로부터 안전하게 보호

공제금은 법에 의해 압류가 금지되어 있어 폐업 등의 경우에도 안전하게 자금 활용 가능

3) 연간 최대 500만 원 소득공제

납부금액에 대해서는 기존 소득공제상품과 별도로 최대 연 500만 원까지 추가 소득공제 가능

세법 적용사항

	개인사업자		법인대표자 ※ 총급여액 7천만원이하	
	사업소득금액	연간 소득공제 한도	근로소득액	연간 소득공제 한도
부금납입시	4천만원 이하	500만원	4천만원 이하	500만원
	4천만원 초과~1억원 이하	300만원	4천만원 초과~5,675만원 이하	300만원
	1억원 초과	200만원	5,675만원 초과	-
	※ 신고대상 사업연도의 소득금액에 따라 매년 소득공제한도가 달라지거나 소득이 소득공제금액에 미치지 못하는 등 관련 세법에 부합하지 않을 경우 납부부금에 대한 소득공제를 받지 못할 수도 있음 ※ 법인대표자는 총급여액 7천만원 초과시 근로소득금액에서 소득공제를 받을 수 없음 ※ 공제금(해약환급금) 지급시의 납부부금은 소득공제 대상이 아님 ※ 부동산임대소득은 소득공제를 받지 못하고, 사업소득에 부동산임대업소득이 포함되어 있는 경우 연간 소득공제 한도에서 그 비율 (부동산임대업소득금액 / 사업소득금액) 만큼 차감됨			
공제금 지급 및 간주해약시	소득공제 받은 원금과 이자에 대해 퇴직소득세가 원천징수되므로 공제가입기간이 짧고 소득공제 받은 금액이 많을 경우 퇴직소득세액이 이자보다 많아져 지급시점의 실수령액이 납입원금보다 적어질 수 있음			
일반해약시	소득공제 받은 원금과 이자에 대해 기타소득세(16.5%, 지방세 포함) 원천징수되며, 기타소득이 300만원을 초과하는 경우 종합소득 합산과세가 이루어짐			

※ 공제계약의 세제와 관련된 사항은 관련 세법의 제·개정이나 폐지에 따라 변경될 수 있습니다.

공제금 지급 예시표(개정세법 적용 시)

월 5만 원(연 60만 원) 납입 시

납입연수	납입원금	이자	원리금	퇴직소득세	실지급액	소득공제 절세액	순소득	절세효과
	(A)	(B)	(C=A+B)	(D)	(E=C-D)	(F=A*26.4%)	(G=E+F)	(H=F-D)
1년	600,000	7,772	607,772	(2,561)	605,211	158,400	763,611	155,839
2년	1,200,000	30,130	1,230,130	(3,645)	1,226,485	316,800	1,543,285	313,155
3년	1,800,000	67,425	1,867,425	(2,910)	1,864,515	475,200	2,339,715	472,290
4년	2,400,000	120,425	2,520,015	-	2,520,015	633,600	3,153,615	633,600
5년	3,000,000	188,267	3,188,267	-	3,188,267	792,000	3,980,267	792,000
6년	3,600,000	272,557	3,872,557	-	3,872,557	950,400	4,822,957	950,400
7년	4,200,000	373,270	4,573,270	-	4,573,270	1,108,800	5,682,070	1,108,800
8년	4,800,000	490,800	5,290,800	-	5,290,800	1,267,200	6,558,000	1,267,200
9년	5,400,000	625,551	6,025,551	-	6,025,551	1,425,600	7,451,151	1,425,600
10년	6,000,000	777,936	6,777,936	-	6,777,936	1,584,000	8,361,936	1,584,000
15년	9,000,000	1,819,545	10,819,545	-	10,819,545	2,376,000	13,195,545	2,376,000
20년	12,000,000	3,369,991	15,369,991	-	15,369,991	3,168,000	18,537,991	3,168,000
30년	18,000,000	8,261,715	26,261,715	-	26,261,715	4,752,000	31,013,715	4,752,000

(단위: 원)

4) 일시/분할금 목돈 마련

납입원금 전액 적립, 그에 따른 복리이자 적용하기 때문에 폐업 시 일시금 또는 분할금 형태로 목돈 회수 가능

5) 무료 상해보험 가입

상해로 인한 후유증 발생 시 2년간 최고 월부금액 150배까지 보험금 지급, 보험료는 중소기업중앙회가 부담

당신의 **창업인생**은 이 책을 읽기 **전**과 읽은 **후**로 나뉜다

6) 저금리 대출가능

납입기간이 12개월 이상일 경우 무담보, 무보증으로 납입부금 90% 한도 내 저리대출이 가능

공제금 지급

폐업 · 사망	퇴임 · 노령
개인사업자의 폐업	법인대표의 질병 또는 부상으로 인한 퇴임
법인사업자의 폐업 또는 해산	만 60세 이상으로 10년이상 부금 납부한 가입자
가입자의 사망	의 공제금 지급 청구

• 공제금 지급액

공제금 지급액 = 기본공제금 + 부가공제금 **(※부가공제금은 자산운용실적에 따라 지급)**

2015년도 연간 기준이율은 2.3%입니다.

기본공제금 구성

1) 폐업 사망공제금

납부월수가 6회 이하인 경우 → 납부부금

납부월수가 7회 이상인 경우

번호	적용(부리)기간	적용이율
1	계약일의 다음날부터 15년간	기준이율+연0.3%
2	위 1.항의 기간만료일의 다음 날부터 1년간	기준이율+연0.25%
3	위 2.항의 기간만료일의 다음 날부터 1년간	기준이율+연0.2%
4	위 3.항의 기간만료일의 다음 날부터 1년간	기준이율+연0.15%
5	위 4.항의 기간만료일의 다음 날부터 1년간	기준이율+연0.1%
6	위 5.항의 기간만료일의 다음 날부터 1년간	기준이율+연0.05%
7	위 6.항의 기간만료일의 다음 날부터 1년간	기준이율

2) 퇴임 노령공제금

납부월수가 6회 이하인 경우 → 납부부금

납부월수가 7회 이상인 경우 → 납부부금을 각 납부한 날의 다음 날부터 공제사유 발생일까지의 기간에 대하여 기준이율로 계산 적립한 금액

노란우산공제의 단점은 무엇일까?

폐업 등의 사유가 아닌 중도 해지 시 가입일자, 부금납입 월수에 따라서 납입금액의 최대 70%(15년 이전 가입자 6회 이하 납입 시, 현재는 6회 이하 납입 시 20%)까지 공제하여 돌려받을 수 있기 때문에 중도 해약 시 큰 손해를 볼 수도 있다. 과거에 61회 이상은 납부해야 100%를 지급받았지만, 현재는 13회 이상만 납입하면 100%를 돌려받을 수 있도록 완화되었으며, 따라서 폐업 등 외의 사유로 단기간에 해지한다면 위험부담이 꽤 크기 때문에 신중히 가입해야 한다.

(8)

가입 방법 및 구비서류

❶ 인터넷(노란우산공제 WWW.8899.OR.KR) 공인인증 로그인 후에 간편하게 가입 가능

❷ 콜센터 중소기업중앙회 통합 콜센터(1666-9988) 상담신청

❸ 중소기업중앙회 방문(중소기업중앙회, 지역본부, 지부)

❹ 은행지점 방문 우정사업본부, 국민은행, 기업은행, 농협은행, 신한은행,

우리은행, 하나은행, 경남은행, 광주은행, 대구은행, 부산은행, 전북은행, 제주은행에서 가입 가능

❺ 공제상담사 공제상담사가 직접 방문하여 가입

❻ 구비서류

- 청약서
- 사업체 사업자등록증 1부(무등록 소상공인인 경우 사업소득원천징수 확인 서류)
- 사업체 재무제표 또는 부가세과세표준증명원 등 매출액을 확인할 수 있는 서류
- (법인의 경우) 법인등기부등본

당신의
창업인생은
이 책을 읽기 전과
읽은 후로 나뉜다

ⓒ 김민성·최재형, 2021

개정판 1쇄 발행 2021년 6월 21일

지은이   김민성·최재형
펴낸이   이기봉
편집   좋은땅 편집팀
펴낸곳   도서출판 좋은땅
주소   서울 마포구 성지길 25 보광빌딩 2층
전화   02)374-8616~7
팩스   02)374-8614
이메일   gworldbook@naver.com
홈페이지   www.g-world.co.kr

ISBN   979-11-6649-950-0 (03320)